reinhardt

mensch & tier

Andrea Beetz

Hunde im Schulalltag

Grundlagen und Praxis

Unter Mitarbeit von Kathrin Marhofer

Mit 15 Abbildungen

3., überarbeitete Auflage

Ernst Reinhardt Verlag München Basel

Dr. Andrea Beetz ist Diplom-Psychologin. Sie lehrt und forscht an den Universitäten Rostock und Wien u.a. zur Mensch-Tier-Beziehung.

Die Kapitel 3, 4 und 5 sind unter Mitwirkung von Kathrin Marhofer (Grundschullehrerin, Neustadt an der Aisch) entstanden.

Bibliografische Information der Deutschen Nationalbibliothek

Die Deutsche Nationalbibliothek verzeichnet diese Publikation in der Deutschen Nationalbibliografie; detaillierte bibliografische Daten sind im Internet über <http://dnb.d-nb.de> abrufbar.

ISBN 978-3-497-02542-8 (Print)
ISBN 978-3-497-60210-0 (E-Book)
3. Auflage

Printed in Germany
Cover unter Verwendung eines Fotos von Andrea Beetz
Satz: FELSBERG Satz & Layout, Göttingen

Ernst Reinhardt Verlag, Kemnatenstr. 46, D-80639 München
Net: www.reinhardt-verlag.de E-Mail: info@reinhardt-verlag.de

Inhalt

1 Einleitung

Während zur Jahrtausendwende nur wenige Lehrer ihren Hund regelmäßig mit in den Unterricht nahmen, hat sich der Einsatz von Hunden in der Schule im deutschsprachigen Raum inzwischen stark weiterentwickelt. Im Allgemeinen sind tiergestützte Interventionen heute beliebt und relativ weit verbreitet, da die Praxis zeigt, wie sehr pädagogische und therapeutische Maßnahmen vom Einsatz von Tieren profitieren können.

Intention dieses Buches ist es, einen Überblick über die Praxis und die wissenschaftlichen Grundlagen des Einsatzes von Hunden in der Schule zu geben. Dabei liegt der Fokus auf den sogenannten *Schulhunden*, die von der Lehrkraft regelmäßig mit in den Unterricht genommen werden. Dennoch sind viele der vorgestellten Grundlagen genauso auf den weniger regelmäßigen Einsatz von Hunden in der Schule (Schulbesuchshunde) und auf andere pädagogische oder therapeutische Kontexte übertragbar. Nicht nur Pädagogen, die selbst mit Schulhund aktiv sind, sollen hier angesprochen werden, sondern alle, die erfahren wollen, welche positiven Wirkungen Hunde auf Menschen haben, wie diese Effekte zustande kommen und wie sie in der Pädagogik gezielt genutzt werden können. Das schließt Entscheidungsträger genauso ein wie interessierte Eltern, Pädagogen und Therapeuten, die außerhalb der Schule hundegestützt arbeiten.

Nach einer Definition der Begrifflichkeiten wird zunächst die gängige Praxis des Schulhund-Einsatzes anhand aktueller Daten dargestellt und diskutiert. Vieles ist zu beachten, um ein solches Projekt für alle Beteiligten, Menschen und Hund, produktiv und angenehm zu gestalten: die grundsätzliche Eignung, die gesundheitlichen Voraussetzungen und die Ausbildung des Hundes, besondere Kenntnisse der Lehrkraft, Genehmigungen oder schulische Rahmenbedingungen, um nur einige wichtige Punkte zu nennen. Zudem werden die Erfahrungen, die mit dieser pädagogischen Methode bislang gesammelt wurden, vorgestellt, also welche Probleme sich ergeben können, vor allem aber welche positiven Auswirkungen ein Schulhund auf die Schüler haben kann.

Daran schließt sich ein Überblick über die wissenschaftlichen Erkenntnisse zum Thema Schulhund an. Da diese zurzeit noch recht überschaubar sind, werden zudem die Befunde zu positiven Effekten von Hunden auf Menschen im Allgemeinen dargestellt, welche sich größtenteils auf den Schulhund übertragen lassen. Von diesen Befunden zur Mensch-Hund-Interaktion werden darüber hinaus grundlegende Mechanismen abgeleitet, die erklären können, wie die positiven Wirkungen von Hunden, insbesondere im pädagogischen Kontext, zustande kommen.

Das Drei-Faktoren-Modell fasst die grundlegenden Effekte und Wirkungsweisen von Schulhunden zusammen: Hunde motivieren und schaffen eine angenehme Atmosphäre, tragen zur Entspannung der Schüler bei und fördern gutes Sozialverhalten. Damit können sie die Lehrkraft unterstützen, ideale Voraussetzungen für effektives Lernen im sozialen und kognitiven Bereich zu schaffen und so die grundlegenden pädagogischen Zielsetzungen – Bildung und Erziehung – zu erreichen.

Im Anschluss werden von den wissenschaftlichen Grundlagen und dem Drei-Faktoren-Modell Empfehlungen für einen optimalen Einsatz von Schulhunden abgeleitet. Ein Schulhund kann, je nach Zielsetzung, auf verschiedene Arten und mit unterschiedlicher Intensität im Unterricht eingebunden werden. Zum einen kann der Schulhund nur anwesend sein, zum anderen kann er für besondere Aufgaben eingesetzt werden. Die Einsatzformen und Besonderheiten, auf die geachtet werden muss, werden für die Grund-, Haupt- und Mittelschule, Realschule/Gymnasium, die Nachmittagsbetreuung, Sonderpädagogik, spezielle Förderprogramme und den Einsatz in der Schulpsychologie beschrieben.

Die Idee, Hunde in der Schule einzusetzen, erscheint nicht jedermann plausibel. Daher kann die Darstellung des derzeitigen Kenntnisstandes aus Wissenschaft und Praxis einerseits dazu dienen, das große pädagogische Potenzial von Schulhunden zu erklären. Andererseits macht sie auch deutlich, wie wichtig es ist, an diese besondere Form der Pädagogik professionell und umfassend informiert heranzugehen, um Risiken zu minimieren und das Potenzial des Schulhundes optimal auszuschöpfen.

Im Rahmen meiner Forschung zur hundegestützten Pädagogik und der Arbeit an diesem Buch, insbesondere bei den Ausführungen zu verschiedenen Einsatzbereichen von Schulhunden und dem Erstellen des Bildmaterials, haben mir zahlreiche Menschen, viele davon engagierte Schulhund-Lehrer, geholfen. Für ihre Unterstützung bedanke ich mich bei Iris Kiesewetter, Inge Rösl, Kerstin Bröcker, Swanette Kuntze, Julia Volk, Kristina Saumweber, Lydia Agsten, Kathrin Nickel, Verena Grebe, Sara Niedermaier, Harald Mandl, Nicole Giefing, Corinna Werfring, Linus Bos mit Familie, Steffi Ludwig, Anna Wöltjen und Luisa und Johanna Eisele.

Besonders wertvoll war auch die Mitarbeit von Frau Kathrin Marhofer – sie stellte die aktuellsten wissenschaftlichen Daten zur Verfügung und wirkte als Co-Autorin an den entsprechenden Kapiteln zum Einsatz von Schulhunden mit.

Für hilfreiche Kritik am Text und wertvolle fachliche Diskussionen gilt mein besonderer Dank Herrn Prof. Dr. Erhard Olbrich und vor allem Herrn Prof. Dr. Kurt Kotrschal.

Anmerkung: Im folgenden Text werden zum Zweck der besseren Lesbarkeit die Bezeichnungen Schüler, Lehrer, Rektor und Hund synonym für beide Geschlechter verwendet.

2 Tiergestützte Pädagogik und Hunde in der Schule

Zusammenfassung

Woher stammt eigentlich die Idee, mit Tieren in der Therapie oder der Pädagogik zu arbeiten? Was ist tiergestützte Pädagogik, und was unterscheidet sie von tiergestützter Therapie und anderen Aktivitäten mit Tieren? Was macht ein Schulhund, und gibt es noch andere Tiere, die in der Schule anzutreffen sind?

Bereits zu Beginn der 1990er Jahre nahmen vereinzelt Lehrkräfte ihren Hund sporadisch mit in den Unterricht (Agsten 2009; Beetz 2011). Manchmal war der Hund des Hausmeisters das Schulmaskottchen und ein beliebter Spielpartner in den Pausen, der sich gelegentlich in die Klassenräume – und damit in den Unterricht – verirrte. Meist war die Anwesenheit des Hundes jedoch weder wirklich geplant noch folgte sie einem bestimmen pädagogischen Ziel. Das ist beim heutigen Einsatz von Schulhunden, der sich vor dem Hintergrund wachsender Akzeptanz und Professionalisierung tiergestützter Interventionen entwickelt hat, anders.

EXKURS

Boris Levinson und sein Hund Jingles
Der Psychotherapeut Boris Levinson hat Ende der 1960er Jahre (1964, 1969, 1972) das Potenzial von Tieren, insbesondere von Hunden, für psychotherapeutische Interventionen erkannt und veröffentlichte als einer der Ersten wissenschaftliche Artikel und Bücher zu diesem Thema. Levinson setzte seinen Hund ‚Jingles' gezielt in der Psychotherapie mit Kindern ein, nachdem

er erlebt hatte, wie Jingles die Kommunikation mit einem Jungen ermöglichte, der zuvor nicht mit Levinson gesprochen hatte. Der Hund fungierte als ‚Eisbrecher' und ‚Brückenbauer' für die Beziehung zwischen Patient und Therapeut und legte damit einen wichtigen Grundstein für eine erfolgreiche Therapie.

Seit Levinsons Veröffentlichungen nahm der praktische Einsatz von Tieren für das Wohl von Menschen in den USA und – mit zeitlicher Verzögerung – auch im deutschsprachigen Raum stetig zu, z. B. in Form von Hundebesuchsdiensten in Kinder-, Senioren- und Pflegeheimen. Tiere in verschiedene Bereiche der Pädagogik zu integrieren, beispielsweise über Tierhaltung in Schulen, ist weder im deutschsprachigen noch angloamerikanischen Raum ungewöhnlich (Rud/Beck 2003; Zasloff et al. 1999). In der Vergangenheit hielten immerhin mehr als ein Viertel der amerikanischen Lehrer, die sich an den Umfragen von Rud/Beck (2003) beteiligten, Kleintiere im Klassenzimmer, unter anderem Fische, Meerschweinchen, Hamster, Reptilien, Vögel oder Insekten. Die Tiere dienten hauptsächlich der Freude der Schüler oder als praktisches Anschauungsmaterial für den Biologieunterricht. Aber auch positive Auswirkungen auf das psychische Wohlbefinden sowie die Übernahme von Verantwortung bei der Versorgung der Tiere waren Gründe für die Tierhaltung (Rud/Beck 2003). Hunde spielten zu dieser Zeit jedoch weder in den USA noch in Deutschland eine bedeutende Rolle in der Schule.

In den USA hat sich das bis heute kaum geändert: Nur vereinzelt gibt es heute Berichte über Schulhunde, die regelmäßig in den Unterricht mitgenommen werden – wohl auch aufgrund der dort höheren Klagefreudigkeit und der damit verbundenen Angst vor Schadensersatzansprüchen (J. Eastlake, Delta Society & R. Johnson, IAHAIO, persönliches Gespräch mit der Autorin, 2011).

Für den deutschsprachigen Raum änderte sich das zur Jahrtausendwende. Obwohl es keine offiziellen Daten zum Einsatz von Schulhunden gibt, zeigen die Registrierungen auf der bekanntesten themenbezogenen Internetseite (www.schulhundweb.de) und weitere Recherchen zu Hunden im Unterricht (Agsten 2009) im Laufe der letzten zehn Jahre eine exponentielle Zunahme. Im Jahr 2009 waren der Initiatorin von Schulhundweb.de und engagierten Schulhund-Lehrerin Lydia Agsten (2009), über 200 Schulhund-Lehrkraft-Teams aus Deutschland, Österreich und der Schweiz bekannt. Die Dunkelziffer mag um ein Vielfaches höher liegen, denn nicht alle Pädagogen, die mit Hund in der Schule arbeiten, sind am Austausch mit Gleichgesinnten oder der Wissenschaft interessiert. Möglicherweise treten sie aber auch aufgrund der immer noch mangelnden Akzeptanz von Schulhunden bei Schulbehörden und -ämtern bewusst nicht öffentlich in Erscheinung, also weder im Internet noch auf Tagungen. Dabei leisten eine fachspezifische Ausbildung und kollegialer Austausch wie auch Kenntnisse in Bezug auf wissenschaftliche Grundlagen einen wichtigen Beitrag zur Erreichung pädagogischer Ziele mittels Hund – ja, sie sind sogar unerlässlich für die professionelle hundegestützte Pädagogik.

2.1 Tiergestützte Interventionen

Die Arbeit mit Hunden in der Schule fällt unter den Überbegriff der *tiergestützten Pädagogik*. Was aber ist darunter genau zu verstehen? An Definitionen versuchten sich bereits verschiedene Autoren mit unterschiedlichen Schwerpunkten. Gemäß den 2014 von der International Association of Human-Animal Interaction Organisations (www.iahaio.org; s. auch www.aat-isaat.org) wird tiergestützte Pädagogik wie folgt definiert (dt. Übersetzung von Beetz/Olbrich 2015).

Tiergestützte Pädagogik (oder Tiergestützte Erziehung): Tiergestützte Pädagogik (TGP) ist eine zielgerichtete, geplante und strukturierte Inter-vention, die von professionellen Pädagogen oder gleich qualifizierten Personen angeleitet und/oder durchgeführt wird. TGP wird von (durch einen einschlägigen Abschluss) in allgemeiner Pädagogik oder Sonderpädagogik qualifizierten Lehrpersonen durchgeführt. Lehrpersonen, die TGP durchführen, müssen Wissen über die beteiligten Tiere besitzen. Ein Beispiel für Tiergestützte Pädagogik durch einen Schulpädagogen sind Tierbesuche, die zu verantwortungsbewusster Tierhaltung erziehen sollen. Von einem Sonder- oder Heilpädagogen durchgeführte TGP wird auch als therapeutische und zielgerichtete Intervention angesehen. Der Fokus der Aktivitäten liegt auf akademi-schen Zielen, auf pro-sozialen Fertigkeiten und kognitiven Funktionen. Fortschritte der Schüler werden gemessen und dokumentiert. Ein Beispiel für TGP, die durch einen Sonderpädagogen durchgeführt werden kann, wäre ein hundege-stütztes Lesetraining.

Von der tiergestützten Pädagogik abzugrenzen ist die *tiergestützte Therapie*:

Tiergestützte Therapie Tiergestützte Therapie ist eine zielgerichtete, geplante und strukturierte therapeutische Intervention, die von professionell im Gesundheitswesen, der Pädagogik oder der Sozialen Arbeit ausgebildeten Personen angeleitet oder durchgeführt wird. Fortschritte im Rahmen der Intervention werden gemessen und professionell dokumentiert. TGT wird von beruflich (durch Lizenz, Hochschulabschluss oder Äquivalent) qualifizierten Personen im Rahmen ihrer Praxis innerhalb ihres Fachgebiets durchgeführt und/oder angeleitet. TGT strebt die Verbesserung physischer, kognitiver, verhaltensbezogener und/oder sozio-emotionaler Funktionen bei individuellen Klienten an.

Von diesen beiden *tiergestützten Interventionen* (engl. AAI, Animal-Assisted Interventions), also zielgerichteter tiergestützter Arbeit, sind *tiergestützte Aktivitäten* (engl. AAA, Animal-Assisted Activities) abzugrenzen. Diese können zwar ebenso positive Auswirkungen haben, werden aber häufig von Ehrenamtlichen mit einem kurzen Training in AAA, jedoch ohne fachliche Ausbildung, zumeist unentgeltlich durchgeführt oder verfolgen keine spezifischen pädagogischen oder therapeutischen Ziele. Auch der Begriff *tiergestützte Fördermaßnahmen*, der allerdings ein bestimmtes Förderziel impliziert, ist zumindest im deutschen Sprachraum gebräuchlich.

2.2 Hundegestützte Interventionen

Die Arbeit mit Hunden in der Schule wird meist von Fachkräften mit pädagogischem Hintergrund und pädagogischer Zielsetzung durchgeführt und fällt daher in den Bereich tiergestützter Pädagogik, die auch andere Tierarten einschließt. Daher wird zur Differenzierung des Schulhund-Einsatzes inzwischen auch der Begriff *hundegestützte Pädagogik* verwendet. Nach Heyer/Kloke (2011, 17) wird damit „der systematische Einsatz von ausgebildeten Hunden in der Schule zur Verbesserung der Lernatmosphäre und individuellen Leistungsfähigkeit sowie des Sozialverhaltens der Schüler" bezeichnet. Problematisch ist in dieser Definition die Begrenzung auf die Schule, da Pädagogik auch außerhalb der Schule und mit weiteren Zielsetzungen ausgeübt wird, z. B. in der stationären Jugendhilfe. Daher bietet obige Definition von tiergestützter Pädagogik (→ Kap. 2.1) mit Verwendung des Begriffs Hund statt Tier eine umfassendere Beschreibung.

Hundegestützte Pädagogik wird von einer Fachkraft mit einer pädagogischen bzw. heil-/sonder-/sozialpädagogischen Ausbildung und entsprechendem Fachwissen über Hunde durchgeführt. Die Intervention ist auf ein pädagogisches Ziel ausgerichtet, welches Bildung und/oder Erziehung betrifft. Die eingesetzten Hunde werden speziell für den Einsatz mit Menschen sozialisiert und ausgebildet.

Beim Hunde-Einsatz in Schulen – und darauf beschränken sich die folgenden Ausführungen – wird zwischen dem *Schulhund* (Präsenzhund) und dem *Schulbesuchshund* unterschieden. Wie bei AAT/AAE wird diese Unterscheidung anhand der Person, die den Hund führt, und anhand der Regelmäßigkeit des Einsatzes getroffen. Die folgenden Definitionen wurden im Rahmen von Diskussionsrunden des Österreichischen Bundesministeriums für Unterricht, Kunst und Kultur (BMUKK 2011) zum Thema *Hunde in der Schule* erarbeitet. Damit ist Österreich das erste Land, in dem die Schulbehörde sich offiziell positiv zur tiergestützten Pädagogik äußert und Empfehlungen hinsichtlich der Rahmenbedingungen (z.B. Ausbildung des Teams, Einsatzzeiten und Eignung des Hundes, Genehmigungen) gibt.

Der Schulhund (Präsenzhund) verbringt regelmäßig eine gewisse Zeit im Klassenraum und im Unterricht. Er wird von einer für den pädagogischen Hunde-Einsatz ausgebildeten Lehrperson geführt. Der Hund ist speziell auf seine Eignung getestet, entsprechend ausgebildet und wird regelmäßig im Einsatzort Schule überprüft. Zu den wichtigsten pädagogischen Zielsetzungen des Einsatzes von Schulhunden zählt ihr Beitrag zur Verbesserung des sozialen Gefüges in der Klasse, der Lehrer-Schüler-Beziehung, des Klassenklimas und der individuellen sozialen Kompetenz der Schüler.

(Schul-)Besuchshunde besuchen Schulklassen ein- oder mehrmals stundenweise. Sie werden von einer für den pädagogischen Hunde-Einsatz ausgebildeten, externen Begleitperson geführt. Die Hunde werden auf ihre Eignung getestet, entsprechend ausgebildet und regelmäßig überprüft. Zu den Zielsetzungen gehört die altersgerechte Wissensvermittlung über Hunde (adäquate Haltung, Pflege, Kosten und Ausbildung, insbesondere die Ausdrucksformen wie Körpersprache, Lautäußerungen) sowie über Tierschutzanliegen (z.B. tiergerechte Erziehung, Tierquälerei, Qualzucht u.ä.).

Des Öfteren ist auch von *Therapiehunden* in der Schule die Rede. Therapiehunde genießen eine spezielle Ausbildung und werden üblicherweise für therapeutische Ziele eingesetzt. Ist dies in der Schule der Fall, z.B. im Rahmen von Ergotherapie oder Physiotherapie, ist dieser Begriff korrekt. Sobald ein Hund dagegen primär pädagogisch in der Schule eingesetzt wird, sind die oben genannten Begrifflichkeiten Schulhund oder Schulbesuchshund eindeutiger, da es ansonsten Verwirrung darüber geben könnte, ob ein Päd-

Abb. 1: Entspanntes Lesen und Lernen im Kontakt zum Hund

agoge seinen Hund therapeutisch oder pädagogisch einsetzt. Hier sollte zumindest formal unterschieden werden, auch wenn es in der Praxis zugegebenermaßen Überschneidungen gibt.

Allgemeine Schulpädagogik betrifft überwiegend die Arbeit in der Gruppe oder in Kleingruppen (d.h. mindestens zwei Schüler). Bei sonderpädagogischem Förderbedarf ist die Einzelbetreuung und -förderung weit verbreitet, zählt aber je nach Land möglicherweise bereits zu den therapeutischen Interventionen, die generell nicht mehr in den Aufgabenbereich der Schule fallen. Im Rahmen dieser Diskussion der Begrifflichkeiten sei angemerkt, dass ein Schulhund für den pädagogischen Einsatz keiner Therapiehunde-Ausbildung bedarf.

Die *hundegestützte Intervention* definiert sich über die Ausbildung des Menschen im Mensch-Hund-Team – auch, weil diese geregelt und je nach Land staatlich anerkannt ist, während in der Ausbildung des Hundes für den Einsatz in Therapie und Pädagogik bisher keinerlei offiziell anerkannte Normen gelten. Die Qualität der Ausbildungen und Qualifikation zertifizierter Schul- bzw. Therapiehunde variiert erheblich und kann daher nicht sinnvoll zur Beschreibung der tiergestützten Intervention herangezogen werden. Die Strukturierung der Intervention wird hauptsächlich vom menschlichen Partner beigesteuert und die Professionalität des Teams wird maßgeblich von diesem bestimmt. Das Tier ist Assistent, muss aber dennoch für den jeweiligen Einsatz geeignet und entsprechend ausgebildet sein.

Zum Weiterlesen

Agsten, L. (2009). HuPäSch: Hunde in die Schulen – und alles wird gut!? Norderstedt, Books on Demand-Verlag.

Heyer, M. und Kloke, N. (2011). Der Schulhund. Eine Praxisanleitung zur hundegestützten Pädagogik im Klassenzimmer. Nerdlen/Daun, Kynos-Verlag.

Jegatheesan, B., Beetz, A., Choi, G., Dudzik, C., Fine, A., Garcia, R. M., Johnson, R., Ormerod, E., Winkle, M. and Yamazaki, K. (2014). IAHAIO White Paper: The IAHAIO Definitions for Animal Assisted Intervention and Animal Assisted Activity and Guidelines for Wellness of Animals Involved. Published online: www.iahaio.org.

3 Der Schulhund im Einsatz

Zusammenfassung

Was macht ein Schulhund im Unterricht? Welche Voraussetzungen müssen für seinen Einsatz erfüllt sein? Welche Hunde eignen sich zum Schulhund? Und wozu ist das Ganze überhaupt gut?

Schulhunde gehen regelmäßig mit in den Unterricht und werden für pädagogische Ziele, wie z. B. die Verbesserung des Klassenklimas oder sozialen Problemverhaltens eingesetzt. Meist sind sie an wenigen Tagen pro Woche anwesend und werden nur in bestimmte Unterrichtseinheiten aktiv involviert. Bezüglich der Hunderassen findet sich aktuell eine große Bandbreite, da vor allem die Eignung des individuellen Tieres, nicht die Rasse an sich ausschlaggebend ist. Eine spezifische Ausbildung des Hundes und der Lehrkraft als Team ist notwendig, um optimale Effekte zu erzielen und um das Wohlergehen aller Beteiligten, der Menschen und der Tiere, zu gewährleisten. Zudem müssen Rahmenbedingungen in Bezug auf Genehmigungen, Versicherung, Hygiene und Allergien erfüllt werden.

Die Rückmeldungen von Kollegen, Schulleitung und Eltern auf einen gut organisierten Schulhund-Einsatz sind überwiegend sehr positiv, und die Schüler selbst sind begeistert von ihrem Schulhund. Die Erfahrungen zeigen, dass Sozialverhalten, Motivation, Konzentration, Klassenklima und Lust auf Schule durch die Anwesenheit des Schulhundes im Unterricht günstig beeinflusst werden. Diese positiven Wirkungen erklären, wieso sich der Schulhund im deutschsprachigen Raum immer größerer Beliebtheit erfreut – er wirkt in Bereichen, die Lehrer heute im Schulalltag immer häufiger als problematisch bewerten.

Der Begriff *Schulhund* umfasst eine große Bandbreite an Einsatzbereichen im Sinne der Schulform, der Art und Dauer des Einsatzes, aber auch an eingesetzten Hunden. Um die Rahmenbedingungen und Voraussetzungen für den professionellen Einsatz von Schulhunden besser darstellen zu können, werden diese anhand von aktuellen Daten zum Einsatz von Schulhunden diskutiert. Die hier vorgestellten Erkenntnisse stützen sich auf schriftliche Befragungen von Pädagogen, die mit Hund an einer Schule tätig sind. Dazu zählen Studien von Volk/Beetz (2007; 27 Lehrkräfte), Agsten (2009, durchgeführt 2007; 50 Lehrkräfte) und Marhofer/Beetz (in Vorb.; 77 Lehrkräfte mit 84 Schulhunden, neun Rektoren, davon zwei mit eigenem Schulhund, aus Deutschland, Österreich und der Schweiz). Soweit nicht anders angegeben beziehen sich die im Folgenden genannten Daten auf die Befragung von Marhofer, die im Jahr 2011 im Rahmen ihrer Dissertation an der Universität Bamberg durchgeführt wurde.

Aus den vorliegenden Daten und auch aus den daraus abzulesenden Veränderungen des Einsatzes von Schulhunden über die Zeit aufgrund eines wachsenden Erfahrungsschatzes lässt sich ableiten, auf wie viele Details bei einem professionellen Schulhund-Einsatz geachtet werden muss. Die gängige Praxis entspricht zwar überwiegend, aber leider nicht immer den Idealen der pädagogischen Professionalität und des Tierschutzes. Wie auch Agsten (2009) bemerkt, geht die positive quantitative Entwicklung des Einsatzes von Schulhunden im deutschsprachigen Raum nicht notwendigerweise mit einer entsprechenden Qualität einher.

3.1 In welchen Schulen und Klassen werden Schulhunde eingesetzt?

Vorstellbar und sinnvoll ist der Einsatz von Schulhunden in jeder Schulform und Klassenstufe. Sogar im Kindergarten kann ein Hund schon die sozio-emotionale Entwicklung unterstützen, und selbst in Berufsschulen mit Erwachsenen wirkt er sich positiv aus. Entsprechend haben Schulhunde Einzug in fast alle Schularten gehalten, wobei es durchaus Einsatzgebiete gibt, in denen sie häufiger anzutreffen sind.

Mit Abstand am häufigsten (>40 %) werden Schulhunde heute in Förderschulen eingesetzt (Marhofer in Vorb.). Darunter fallen alle sonderpädagogisch ausgerichteten Schulen, die Kinder mit Förderbedarf in den Bereichen Lernen oder emotionale, kognitive, motorische oder sprachliche Entwicklung oder aufgrund von Körperbehinderungen betreuen (Förderschulen). Am zweithäufigsten sind Schulhunde in der Grundschule anzutreffen (>30 %), während nur wenige (je ca. 10 %) an Haupt-/Mittelschulen sowie Gesamtschulen/sonstigen Schulformen eingesetzt werden. In Gymnasien oder Berufsschulen findet man Schulhunde dagegen kaum, was sich durch die Unterrichtsstrukturen mit meist stündlichem Klassenwechsel der Lehrkraft erklärt. Sinnvoll ist der Einsatz eines Schulhundes in allen Schularten, wobei er gerade für Kinder mit besonderem Förderbedarf, also dort, wo er auch in der Praxis am häufigsten zu finden ist, aufgrund seiner positiven Effekte am ehesten angezeigt ist.

Am häufigsten (65 %) finden sich Schulhunde in den Klassenstufen 1–4 und mit abnehmender Frequenz in den höheren Altersstufen. Nur 10 % der Hunde werden in den Jahrgangsstufen 11 und 12 eingesetzt. Überwiegend wird ein Hund immer nur in einer Klasse eingesetzt (Agsten 2007 in 2009). Jedoch ist ein Viertel der Hunde während eines Schuljahres auch in mehreren Klassen oder Schülergruppen anwesend. Ob dies für den Hund zumutbar ist, hängt sehr vom Wesen des Tieres und von der Einsatzart und -dauer ab.

Was bedeutet diese Verteilung der Einsatzorte in der Praxis für den Schulhund? Durch die Schulart ergibt sich, dass über ein Drittel der Hunde in Klassen mit maximal zwölf Schülern (Förderschule) und der Rest in zum Teil deutlich größeren Klassen mit bis zu 30 überwiegend sehr jungen Schülern (Grundschule) eingesetzt wird. Die meisten Schulhunde werden also entweder mit Kindern mit speziellen Bedürfnissen oder mit großen Klassen jüngerer Schüler konfrontiert, was eine besondere Eignung im Wesen und Stressresistenz des Hundes voraussetzt (→ Kap. 3.6). Zudem wird daraus deutlich, dass bestimmte Regeln im Umgang mit dem Hund für einen reibungslosen und soweit wie möglich stressarmen Einsatz unabdingbar sind (→ Kap. 4); Agsten 2009; Heyer/Kloke 2011; Vanek-Gullner 2007).

3.2 Wie häufig und lange ist der Hund mit in der Schule?

Wie viele Jahre kann ein Hund in der Schule eingesetzt werden, und wie häufig und lange sollte man einen Hund überhaupt mit in den Unterricht nehmen?

Wie so oft sind pauschale Aussagen hierzu schwer zu treffen, da die Einsatzorte und -formen sowie die individuelle Belastbarkeit des Hundes hierfür ausschlaggebend sind. Das spiegelt sich auch in der derzeitigen Praxis wider – dennoch können einige Vorgaben gemacht werden, die zumindest für den durchschnittlichen Schulhund akzeptabel sein sollten.

Altgediente Schulhunde mit mehr als zehn Jahren Erfahrung gibt es nur wenige (<10 %), nur jeder vierte Schulhund ist seit mehr als fünf Jahren im Dienst. Der Großteil der im Unterricht eingesetzten Hunde ist demnach jünger. Dies entspricht der Entwicklung der letzten Jahre, in denen eine deutliche Zunahme von Schulhunden im deutschsprachigen Raum zu verzeichnen war. Die Mehrzahl der Lehrer (70 %) griff erst zwischen 2007 und 2011 diese Idee auf und setzte, diesen Schluss lassen die Zahlen zumindest zu, vor allem jüngere Hunde ein.

Fast immer ist der Schulhund wirklich regelmäßig im Unterricht dabei und überwiegend läuft das Projekt Schulhund zeitlich unbefristet. Das spiegelt die durchaus wachsende Akzeptanz von Entscheidungsträgern und Eltern wider.

Im Übrigen scheint die Idee der tiergestützten Pädagogik ‚ansteckend', oder eben überzeugend, zu sein: Jede fünfte Lehrkraft mit eigenem Schulhund berichtet, dass außer ihr eine weitere Person mit Hund an der Schule arbeitet. Zudem bieten ca. 10 % der Schulen mit Schulhund auch therapeutisches Reiten oder Hippotherapie an. Jeder vierte Schulhund-Lehrer setzt heute schon mehr als einen Hund für die Arbeit in der Schule ein, zeitgleich oder abwechselnd, oftmals um die Anstrengung für den einzelnen Hund in einem akzeptablen Rahmen zu halten.

Die individuellen Einsatzzeiten der Schulhunde variieren beträchtlich. Das ist auch gut so, wenn es der Belastbarkeit der Hunde und dem Anforderungsgrad des Einsatzes entspricht. Gerade bei unerfahrenen Schulhund-Lehrern ist dies jedoch nicht immer der Fall – Enthusiasmus für die Methode der tiergestützten Pädagogik und eine ungenügende spezifische Ausbildung können zu einer Überforderung des Hundes führen.

In der heutigen pädagogischen Praxis ist ein Drittel der Hunde nur für einen Tag pro Woche in der Schule dabei, etwa die Hälfte für zwei oder drei Tage. Immerhin 10 % der Hunde gehen fünf Tage pro Woche mit in den Unterricht, jeweils die Hälfte davon verbringt dabei drei bis vier oder fünf bis acht Schulstunden pro Tag in der Klasse. Dieser Dauereinsatz ist zum Glück rückläufig (Agsten 2007 in 2009). Lange Einsatzzeiten pro Tag und auf Wochenstunden umgerechnet sind vor allem aufgrund der möglichen Stressbelastung des Hundes und damit auch der eingeschränkten pädagogischen Wirksamkeit (→ Kap. 12) äußerst kritisch zu bewerten.

EXKURS

Stressbelastung beim Schulhund

Allgemein können alle möglichen Reize bei Lebewesen Stress auslösen, also als Stressoren fungieren. Stress bedeutet zunächst eine Aktivierung der körpereigenen Stressachsen oder -systeme (siehe dazu auch → Kap. 7.6), die dafür sorgen, dass im Körper Energie bereitgestellt wird, um mit einer Herausforderung zurechtzukommen. Dies geschieht bei Eustress, also Aktivierung durch positive Ereignisse und Reize, genauso wie bei Distress, ausgelöst durch aversive Reize. Relevant in Bezug auf den Schulhund ist jedoch negativer Stress, der normalerweise eher durch eine psychische Überforderung als durch das Ausmaß der physiologischen Stressreaktion definiert wird (Broom/Kirkden 2004). Schon eine geringe Aktivierung der Stresssysteme beim Hund ist als kritisch zu betrachten, wenn sie Unwohlsein oder Angst anzeigt, während eine hohe physiologische Aktivierung, z. B. bei einem wilden lustigen Ballspiel, nicht negativ zu bewerten ist. Im Folgenden wird mit Stress also die Aktivierung der Stresssysteme im Zusammenhang mit einer psychischen Überforderung des Hundes bezeichnet.

Viele Faktoren tragen zur individuellen Stressbelastung eines Tieres bei, beispielsweise Besonderheiten der Schüler, Klassengröße, Verhalten der Klasse und Eignung sowie Alter des Hundes. Was für einen in sich ruhenden Hund mittleren Alters in einer sonderpädagogischen Einrichtung an Einsatzdauer noch angemessen ist, kann für einen älteren oder reaktiveren Hund in einer Grundschule deutlich zu viel sein. Darum gibt es hier keine allgemeingültigen Maximalgrenzen, wobei ein täglicher Einsatz für die gesamte Unterrichtsdauer grundsätzlich nur in seltenen Ausnahmefällen und unter bestimmten Bedingungen für das Tier akzeptabel gestaltet werden kann.

Insgesamt entwickelte sich in den letzten Jahren der Trend, den Hund im Durchschnitt für mehr Stunden, meist zehn bis zwanzig Schulstunden pro Woche, mit in die Schule zu nehmen (s. Agsten 2007 in 2009). Dieser Einsatz scheint der Belastbarkeit durchschnittlicher Schulhunde weitgehend zu entsprechen, wobei Experten eher eine geringere Einsatzdauer von maximal zwei bis drei Tagen pro Woche für zwei bis drei Stunden, maximal aber einen Halbtag/Schulvormittag mit entsprechenden Ruhepausen empfehlen (Diskussionsrunden BMUKK 2011). Hinsichtlich der Stressbelastung müssen vonseiten des Tierschutzes generell, aber insbesondere bei einem zeitintensiven Einsatz, bestimmte Bedingungen erfüllt sein: Eignung und Ausbildung von Hund und Lehrkraft, Regeln in der Klasse und ausreichend Pausen. Letztendlich obliegt es immer der Lehrkraft, den Hund seiner individuellen Leistungsfähigkeit im jeweiligen schulischen Umfeld entsprechend einzusetzen und psychisch nicht zu überfordern (→ Kap. 4.1).

3.3 Wie wird ein Schulhund genau eingesetzt?

Die Möglichkeiten des Schulhund-Einsatzes sind fast unbegrenzt (→ Kap. 15), allerdings ergibt sich aus dem Schulalltag, dass bestimmte Einsatzformen dominieren.

Fast immer ist der Hund für den überwiegenden Teil der Schulzeit einfach nur anwesend und darf sich frei im Klassenraum bewegen. Von den meisten Lehrern wird er über regelmäßige Gespräche sowie Tages- und Wochenpläne rund um den Hund in den Schulalltag eingebunden. Über 80 % der Hunde sind darüber hinaus auch aktiver Teil eines spezifischen Programms oder Konzepts bei der Gestaltung bestimmter Unterrichtseinheiten. Jede zweite Lehrkraft setzt nach eigenen Angaben den Kontakt und die Interaktion mit dem Hund als Belohnung für gute Mitarbeit ein. Andere Einsatzbereiche sind gezielte Entspannungsphasen mit dem Hund, Sicherheitstrainings im Umgang mit Hunden, Hunde-AGs/Hundeführerschein-AG, Begleitung bei Klassenfahrten, Ausflügen und Projekttagen, Besuche in anderen Klassen, Leseförderung, soziale Kompetenztrainings und Hausaufgabenbetreuung. Zudem arbeiten einige Lehrkräfte mit dem Hund in der Einzelförderung bzw. -therapie für Kinder mit Mehrfachbehinderung, Autismus, Mutismus, Spastik, Ängsten oder Selbstwertproblematiken.

Je nach psychischen und physischen Möglichkeiten der Schüler übernehmen diese abwechselnd den ‚Hundedienst', also Versorgungsaufgaben wie Wasser bereitstellen und Platz herrichten (ca. 60 %), die Hälfte der Schüler führt den Hund in den Pausen aus. Überwiegend (75 %) dürfen die Schüler spezielle Aufgaben oder Spiele mit dem Hund machen, z. B. Kunststücke, Kommandoarbeit, motorische Aufgaben wie Agility-Parcours oder Koordinations- und Gleichgewichtsübungen. Freies Spielen mit dem Hund bahnt weniger als die Hälfte der Lehrer (40 %) an, während Fellpflege und Streicheln bei ca. 80 % fester Bestandteil der Interaktionen sind. Nur jeder vierte Lehrer setzt den Hund gezielt für entspanntes Kuscheln und Schmusen mit den Schülern ein.

Insgesamt gibt es also eine große Bandbreite der Einsatzformen des Hundes im Unterricht. Wie diese mit möglichen positiven Effekten von Schulhunden in Verbindung gebracht werden können, wird in → Kapitel 12 und Kapitel 13 genauer beschrieben. Je nach Schulart wäre es wünschenswert, dass für einzelne Schüler bestimmte Einsatzformen wie gezielter Körperkontakt in Form von Kuschelphasen und Streicheln von mehr Lehrern genutzt würden. Wie die verschiedenen Einsatzformen systematisiert werden können, wird in → Kapitel 14 näher ausgeführt.

3.4 Was ist ein guter Schulhund?

Welche Hunde eignen sich eigentlich zum Schulhund? Gibt es bestimmte Rassen, die bevorzugt eingesetzt werden? Und worauf sollte der interessierte Lehrer im Allgemeinen beim zukünftigen Schulhund achten?

Als Schulhund sind heute die unterschiedlichsten Rassen im Einsatz. Mit einem Drittel am häufigsten werden Retriever eingesetzt, darunter ist am beliebtesten der Labrador, gefolgt vom Golden Retriever und nur vereinzelt Flat Coated und Nova Scotia Duck Tolling Retriever. Am zweithäufigsten (>20 %) sind Mischlinge vertreten. Dies entspricht in etwa den Befunden von Agsten (2007 in 2009, 58: 36 % Retriever, 31 % Mischlinge) und Volk/Beetz (2007: 38 % Retriever) und hat sich demnach in den letzten Jahren wenig verändert.

Beliebt sind auch der Australian Shepherd und Collie-Arten (<10 %). Ebenso arbeiten Berner Sennenhunde und Terrier als Schulhunde, vereinzelt finden sich Vertreter weiterer Jagdhunde-, Hütehunde- und sogar Schutzhunderassen.

Kriterien für die Eignung zum Schulhund

Geht man davon aus, dass überwiegend geeignete Hunde eingesetzt werden, so ist die Rasse nicht ausschlaggebend. Die grundsätzliche Eignung ergibt sich eher aus folgenden Kriterien, die ein guter Schulhund erfahrungsgemäß erfüllen sollte (in Anlehnung an Agsten 2009, 55 f; www.schulhundweb.de 2011):

- ruhiges und freundliches Wesen
- am Menschen orientiert und interessiert
- absolut verträglich mit Kindern
- geringe aggressive Ausstrahlung und Aggressionsbereitschaft (auch nicht gegenüber anderen Hunden)
- kein Herdenschutztrieb (sonst mögliche Verteidigung/Aggression gegenüber Personen außerhalb des Klassenverbands)

- Gehorsam
- geringe Stressempfindlichkeit, d. h. ausgeglichenes Wesen
- geringe Geräuschempfindlichkeit
- nicht ängstlich und unsicher; d. h. selbstsicher und aufgeschlossen
- körperlich weitgehend gesund

Insgesamt vorteilhaft sind ‚Generalisten', also Hunde, die keine extremen Veranlagungen im Verhalten aufweisen, wie z. B. einen starken Hüte-, Jagd- oder Schutztrieb (K. Kotrschal, persönliches Gespräch mit der Autorin, 2011).

Weiterhin ist die Akzeptanz im schulischen Umfeld (Kollegen, Eltern, Hausmeister, Reinigungspersonal) sicher deutlich höher, wenn der Hund wenig bellfreudig ist, nicht übermäßig Fell verliert, nicht stark riecht und nicht übermäßig speichelt, was häufig ein Problem bei Rassen mit hängenden Lefzen ist.

Während das *Aussehen des Tieres* für den späteren Einsatz eine geringe Rolle spielt (Röger-Lakenbrink 2006), ist jedoch für den Ersteindruck ein freundliches Aussehen durchaus von Vorteil (Beetz 2011). Die meisten Menschen nehmen einen kleinen bis mittelgroßen Hund mit Hängeohren und mittlerer bis heller Fellfarbe spontan als vertrauenserweckender wahr als einen großen dunklen Hund mit Stehohren, selbst wenn dieser bestens als Schulhund geeignet ist (Beetz 2011). Das wird auch deutlich, wenn man sich die Ähnlichkeit zu Hunden vor Augen hält, die beispielsweise im Wachdienst eingesetzt werden und schon allein durch ihr Aussehen einschüchternd und gefährlich wirken. Es ist zu bedenken, dass Eltern und Kollegen oft nur einen kurzen Eindruck vom Hund bekommen, bevor sie um ihre Zustimmung gebeten werden.

Je nach Land und Bundesland ist zudem zu berücksichtigen, dass die öffentliche Meinung über bestimmte Rassen, z. B. über die sogenannten Kampfhunderassen, sehr negativ sein kann. Unter Umständen sind diese Hunde aufgrund ihrer Zuchtmerkmale tatsächlich auch weniger gut für den Einsatz in der Schule geeignet. Im Zuge der Risikominimierung sollten solche Rassen vermieden werden. Missionarische Ansätze, das positive Image dieser Hunde in der Öffentlichkeit zu fördern, gehören in den Privatbereich und haben im Schuleinsatz nichts verloren.

Zudem haben nicht wenige Menschen Angst vor Hunden, andere sind aufgrund persönlicher Hygienevorstellungen oder ihrer Kultur Hunden gegenüber negativ eingestellt. Ein gepflegtes und freundliches Äußeres in Kombination mit einem guten Wesen erleichtert die Einführung eines Hundes in die Schule. Es beugt dem Veto eines ängstlichen Elternteils oder Kollegen vor, auch wenn anders aussehende Tiere für den längerfristigen Einsatz im Grunde ähnlich gut geeignet sind, sobald die Schüler mit dem Tier vertraut sind. Einmalige oder kurzzeitige Interventionen dagegen werden von einem ‚gefährlicheren' Aussehen negativ beeinflusst. So sind stressreduzierende Effekte bei relativ unbekannten Hunden mit diesem Aussehen kaum zu erwarten, weshalb z. B. die in entsprechenden Studien involvierten Hunde unter anderem nach einem freundlichen Aussehen ausgewählt werden (Beetz 2011).

Abb. 2: Verschiedene Schulhunde in der Freizeit

Die genannten Kriterien eines geeigneten Schulhundes werden von Vertretern bestimmter Rassen, z. B. den bereits erwähnten Retriever-Rassen und manchen Mischlingen, häufiger erfüllt, was wohl ihre Beliebtheit ausmacht. Dennoch muss unabhängig von der *Rasse* die Eignung jedes einzelnen Tieres von Experten überprüft werden. Falls ein Hund als Welpe gezielt für den Einsatz in der Schule angeschafft wird, kann bereits bei der Auswahl auf einige Kriterien bezüglich des Wesens geachtet werden (Agsten 2009; Röger-Lakenbrink 2006; R. Simon/K. Kotrschal, IEMT Österreich, persönliches Gespräch mit der Autorin, 2011). Dazu zählen ein *Interesse am Menschen*, *Freude am Kontakt*, eine gewisse *Unterordnungsbereitschaft* und ein ausgeglichenes, also ein nicht ängstliches, aber auch *nicht zu draufgängerisches Wesen*. Solche Eigenschaften können Experten durchaus schon vor der Abgabe an den neuen Besitzer mittels eines kleinen Tests abklären.

Ob sich der Hund später für den Schuleinsatz eignet, hängt aber in noch höherem Ausmaß von seiner weiteren Sozialisation, Entwicklung, Erziehung und möglichen negativen Erfahrungen ab (Agsten 2009). So etwas wie *den* Schulhund- oder Therapiehund-Welpen gibt es nicht, auch wenn einige kommerziell ausgerichtete (Privat-)Züchter das glauben machen wollen.

Obwohl sich die Eignung nicht vom *Geschlecht des Hundes* ableiten lässt, sind etwas häufiger weibliche (56 %) als männliche Tiere im Einsatz. Von den männlichen Tieren sind über 60 % kastriert, von den weiblichen sogar fast 80 %. Die Kastration bzw. Sterilisation des Tieres vereinfacht den Umgang mit ihm in Hinblick auf Gehorsam und Hygiene. Dennoch beschränkt sie das Tier in seinen natürlichen Körperfunktionen und Verhaltensweisen. Das tatsächliche Vorliegen der jeweilig eindeutigen medizinischen Indikation für solche Eingriffe (Deutsches Tierschutzgesetz §§ 5–6a) ist kritisch zu hinterfragen, wobei sie weit verbreitet sind. Der Einsatz des Hundes in der Schule ist sicherlich kein ausreichender Grund für eine Kastration oder Sterilisation – ein Hund, der nicht vorher schon geeignet war, wird es durch den Eingriff auch nicht werden. Generell sind sowohl intakte als auch kastrierte oder sterilisierte Hunde für den Einsatz und die pädagogische Zielerreichung gut geeignet.

Wie wirkt sich das *Alter des Tieres* auf seine Eignung für den Schuldienst aus? Hier gibt die Praxis einen guten Einblick: Das Alter der eingesetzten Hunde variiert stark. Etwa 15 % aller eingesetzten Schulhunde besuchte bereits im Alter von einem Jahr und ca. weitere 15 % im Alter von zwei Jahren regelmäßig den Unterricht. Nur wenige der aktuell eingesetzten Schulhunde sind älter als zehn Jahre (5 %). Das Alter spielt insofern eine Rolle, da sich Wesen und Persönlichkeit, aber vor allem die Belastbarkeit sowohl in den ersten zwei bis drei Lebensjahren als auch im hohen Alter verändern können – das ist beim Hund ähnlich wie beim Menschen. Bei älteren Hunden tritt manchmal eine Veränderung in Richtung einer geringeren Stresstoleranz und eines erhöhten Schlafbedürfnisses auf, sodass auch ein langjährig eingesetzter, guter Schulhund im hohen Alter nicht mehr optimal geeignet sein kann oder seine Einsatzzeiten entsprechend reduziert werden müssen.

Ähnlich erfordert der Einsatz von Welpen im Schuldienst besondere Sorgfalt (Agsten 2009). Einerseits sind die Schüler meist begeistert, andererseits kann ein junger Hund, der sich noch in der körperlichen und geistigen Entwicklung befindet, auch leicht überfordert werden und sich im schlimmsten Fall später nicht mehr zum Schulhund eignen. Ein Welpe braucht deutlich mehr Aufmerksamkeit als ein erwachsener und ausgebildeter Hund, der mit seiner Lehrkraft ein gut eingespieltes und verlässliches Team bildet. Natürlich können die besonderen Bedürfnisse des Welpen wie Pflege und Erziehung auch pädagogisch genutzt werden. Allerdings setzt die zusätzliche

Beanspruchung eine erfahrene und in ihren pädagogischen Methoden gefestigte Lehrkraft voraus. Jeder vierte Schulhund wird jedoch von einem Lehrer mit weniger als sechs Jahren Berufserfahrung geführt (Agsten 2007 in 2009). Generell empfiehlt es sich, den Welpen nur gelegentlich zum Zweck der Sozialisation mit dem entsprechenden Schülerklientel und Schulumfeld zu konfrontieren, bis der Welpe in seinem Wesen ausreichend reif und gefestigt, also erwachsen, ist. Bei den meisten Hunden ist das erst im Alter von zwei bis drei Jahren der Fall. Die Häufigkeit und Dauer des Einsatzes sollte im Lauf der Zeit langsam gesteigert werden.

Für einen gelungenen Schulhund-Einsatz sind neben der Eignung des Hundes auch seine Ausbildung und die der führenden Lehrkraft ausschlaggebend.

3.5 Ausbildung des Schulhund-Lehrkraft-Teams

Ein Schulhund ist nur so gut wie die Lehrkraft, die ihn führt – mit der Ausbildung der Lehrkraft steht und fällt die Qualität des Schulhund-Einsatzes. Daraus ergibt sich, dass von der Übernahme eines fertig ausgebildeten Schulhundes von einem Trainer oder dem Ausleihen eines erfahrenen Schulhundes an nicht mit diesem Tier geschulte Kollegen Abstand zu nehmen ist. Agsten (2007 in 2009) berichtet, dass fast jede fünfte Lehrkraft ihren Hund manchmal an Kollegen abgibt, meist aus organisatorischen Gründen, aber im Einzelfall auch regelmäßig für den gezielten schulischen Einsatz. Selbst wenn die positiven Effekte des Hundes dadurch möglicherweise nur wenig beeinträchtigt werden, so stellt diese Praxis doch immerhin ein potenzielles Tierschutzproblem dar. Eine mit dem Hund nicht hundertprozentig eingespielte Lehrkraft übersieht feine Anzeichen von Stress eher, und der Hund verliert durch die Abwesenheit seiner Hauptbezugsperson eine Möglichkeit zur sozialen Stressregulation (→ Kap. 10). Selbst der beste Schulhund kann nur wenig bewirken, wenn er aufgrund eines ungünstigen Einsatzes durch eine suboptimal ausgebildete Lehrkraft in seiner Wirkung beschränkt wird.

Praxiserfahrene Schulhund-Lehrkräfte sowie Experten aus Wissenschaft und Tierschutz (z. B. Fachkreis Schulhund/Tiere helfen Menschen e.V.; Diskussionsrunden BMUKK 2011) erachten eine spezifische Ausbildung in Theorie und Praxis für den professionellen Einsatz von Hunden in der Schule als notwendig. Vereinzelt gibt es private Organisationen, die fundiert und spezifisch für den Schuleinsatz sowohl Theorie als auch Praxis und weitergehende

Supervision der Teams im Einsatz anbieten. Von Vorteil wäre es auf lange Sicht dennoch, wenn zumindest die theoretische Ausbildung zukünftiger Schulhund-Lehrer in das offizielle Fortbildungsangebot für Lehrkräfte aufgenommen und somit standardisiert werden würde. Dies ist in Österreich der Fall: Dort bieten die Pädagogischen Hochschulen seit Herbst 2012 eine entsprechende Fortbildung für Lehrer an. Folgende Inhalte sollten im Rahmen einer Ausbildung zum Schulhund-Lehrkraft-Team behandelt und in der Praxis entsprechend umgesetzt werden:

Theoretische Ausbildung der Lehrkraft – allgemein

- wissenschaftliche Grundlagen der Mensch-Tier-Beziehung sowie Theorien und Studien mit einem Fokus auf die Mensch-Hund-Beziehung
- tiergestützte Therapie und Pädagogik
- Einsatzmöglichkeiten für den Hund je nach Veranlagung des Tieres, Art des Einsatzes, Schulform, Klassengröße, besonderen Bedürfnissen der Schüler
- Vermittlung verschiedener praktischer Übungen und Techniken zur Förderung bestimmter Kompetenzen und Unterrichtsinhalte (Mathematik, Deutsch, soziale Kompetenz) sowie der allgemeinen positiven Effekte des Schulhundes auf die Klasse
- Organisation und Dokumentation eines Schulhund-Projekts hinsichtlich der schulischen Rahmenbedingungen und dem Umgang mit Kollegen, Vorgesetzten, Behörden und Eltern
- rechtliche Rahmenbedingungen und Versicherung
- Hygiene, hundespezifische Zoonosen
- Außendarstellung des Projekts (Umgang mit Presse)

Theoretische Ausbildung der Lehrkraft – hundespezifisch

- verhaltensbiologische Grundlagen zum Thema Hund
- Körpersprache des Hundes (Stress, Angst und Aggression)
- Mensch-Hund-Kommunikation
- Grundlagen des Lernens bei Hunden und Trainingsmethoden
- gezielte Gewöhnungsprozesse an das schulische Umfeld
- Schutz und Stressmanagement für den Hund
- themenspezifische Grundlagen zu Ethik und Tierschutz

Die Erfahrung aus Bereichen psychologisch-pädagogischer Ausbildungen zeigt, dass eine Vermittlung und Überprüfung von rein theoretischem Wissen leider wenig über die Umsetzung in der Praxis aussagt. Daher ist ein wiederholtes *Feedback zur praktischen Arbeit durch den Ausbilder* empfehlenswert, am besten anhand von Videoaufnahmen, anhand derer die Lehrkraft in Ruhe und mit Abstand das eigene Verhalten und das des Hundes analysieren kann. Entsprechende Situationen dürfen natürlich nicht nur auf der grünen Wiese nachgestellt werden, das Videomaterial sollte stattdessen zumindest teilweise im natürlichen Kontext Schule gesammelt werden. *Videogestützte Selbstreflexion* sowie *Supervision* durch einen Ausbilder oder Kollegen mit mehrjähriger Erfahrung im Schulhund-Einsatz sind im Rahmen der Qualitätssicherung in regelmäßigen Abständen dringend zu empfehlen. Da eine mehrjährige Praxis nicht nur mehr Wissen, sondern eine differenziertere Einstellung zu bestimmten Aspekten des Schulhund-Einsatzes mit sich bringt (L. Agsten, persönliches Gespräch mit der Autorin, 2011), scheint ein Austausch unter ausschließlich relativ unerfahrenen Kollegen wenig effektiv.

Praktische Inhalte zur Ausbildung des Schulhund-Lehrkraft-Teams

- Festigung der Beziehung zwischen Lehrkraft und Hund
- Grundgehorsam
- Gewöhnung an schulrelevante Reize (Lärm, Bodenbeläge, Roller, Auffälligkeiten der zu betreuenden Schüler, z. B. Verhalten, Rollstuhl, Gehhilfen)
- individuell angepasste Ausgleichsbeschäftigung
- Erkennen von Stresssignalen beim eigenen Hund sowie das Einüben adäquater Reaktionen
- Förderung der individuellen Anlagen des Hundes, die im Schuleinsatz genutzt werden können (Apportieren, Suchen, Tricks, Agility, Obedience/Gehorsam)

Da es nur sehr wenige direkt auf diese Zielgruppe spezialisierte Ausbildungen gibt, die sowohl Theorie für die Lehrkraft als auch Praxis für das Schulhund-Lehrkraft-Team miteinander verbinden, weisen die Lehrkräfte aktuell noch verschiedenste Kombinationen von Ausbildungen vor.

Zwei Drittel der derzeitig mit Schulhund tätigen Lehrkräfte haben eine Ausbildung in tiergestützter Pädagogik absolviert, davon wiederum über die Hälfte speziell in hundegestützter Pädagogik. Nur ca. ein Drittel hat eine spezifische Ausbildung für den Einsatz von Schulhunden im Unterricht, welche auch die praktische Ausbildung des Schulhund-Lehrkraft-Teams einschließt. Unter diese spezifischen Ausbildungen fallen sowohl einfache Kurse wie der Hundeführerschein als auch aufwendige Therapiehunde-Team-Ausbildungen oder zweijährige Ausbildungen in tiergestützter Pädagogik und Therapie. Der Zeitaufwand für die am häufigsten besuchten Ausbildungen liegt zwischen 48 und 100 Unterrichtseinheiten, was zumindest eine theoretische Grundausbildung angemessen abdecken kann.

Im Umkehrschluss zeigen diese Daten aber auch, dass ca. ein Drittel aller Lehrer mit Schulhunden gar keine spezifische Ausbildung in irgendeiner Form von tiergestützter Arbeit vorweisen kann. Das stimmt bedenklich, da ungenügend ausgebildete Lehrkräfte beim Schulhund-Einsatz vieles falsch machen und dadurch Schüler und Hund gefährden können. Zudem verhindern oder reduzieren gravierende Fehler die positiven pädagogischen Effekte des Hundes (→ Kap. 12).

Bei den Hunden absolvierten über 80 % eine Art Ausbildung mit einer Prüfung, ca. 40 % eine Begleithundeprüfung auf Grundgehorsam und fast 30 % sogar eine Therapiehundeprüfung. Während kynologische Fachverbände Mindestanforderungen an den Grundgehorsam stellen, lässt die weitgehende Normfreiheit der Therapiehundeprüfung keine Rückschlüsse auf den tatsächlichen Ausbildungsstand zu. Je nach Anbieter sind die Standards sehr niedrig oder auch sehr hoch angesetzt. Einem Wesenstest wurden 40 % der Hunde unterzogen, wobei unklar ist, ob hier Merkmale überprüft wurden, die für den Schuleinsatz relevant sind oder eher rassespezifische Merkmale. Einige Hunde absolvierten auch mehrere Ausbildungen und Tests, z. B. im Bereich der Dummy-Arbeit (20 %), was den häufig eingesetzten Retrievern normalerweise liegt.

EXKURS

Schutzhunde als Schulhunde

Während generell fast jegliche Beschäftigung und Ausbildung mit dem Hund positiv zu bewerten ist, sind die vereinzelt berichteten Schutzhunde-Ausbildungen kritisch zu hinterfragen. Diese verändern das Beutegreifverhalten und den Wehrtrieb des Hundes gegenüber Menschen, sodass möglicherweise kritische Vorfälle mit Schülern begünstigt werden, wenn diese sich nicht regelgerecht verhalten (G. Günther, Polizeiakademie Hessen, Diensthundewesen, persönliches Gespräch mit der Autorin, 2012). Insbesondere kann eine Schutzhundeausbildung mäßiger Qualität das Risiko eines Unfalls eher erhöhen. Solange es keine eindeutigen Daten gibt, die zeigen, dass ausgebildete Schutzhunde im Umgang mit Kindern ebenso unbedenklich sind wie Hunde ohne Schutzhundausbildung, sollte von ihrem Einsatz in der Schule Abstand genommen werden.

Insgesamt erfuhren im Jahr 2011 mehr Schulhunde irgendeine Art von Ausbildung als noch im Jahr 2007 (58 %) (Agsten 2009). Dieser Trend ist durchaus erfreulich. Annähernd gleich geblieben ist hingegen die Zahl der Hunde, die gemeinsam mit der Lehrkraft eine einsatzspezifische Team-Ausbildung absolvierten (57 %). Ein Drittel investierte mehr als 100 Übungseinheiten, während die meisten Teams an 32 bis 100 Übungseinheiten mit Theorie und Praxis teilnahmen. Dies zeigt, dass ein professioneller Schulhund-Einsatz in Vorbereitung und Begleitung durchaus zeitaufwendig ist.

Aufgrund dieser Daten zur Ausbildung von Hund und Lehrkraft kann festgehalten werden, dass zwar die Mehrheit um eine gute Ausbildung bemüht ist, aber immer noch viele Teams ohne jegliche Ausbildung in den Schuleinsatz gehen. Eine qualitativ hochwertige hundegestützte Pädagogik und Therapie basiert jedoch auf einer fundierten theoretischen und praktischen Ausbildung des Schulhund-Lehrkraft-Teams. Das sehen anscheinend auch die aktiven Schulhund-Lehrer ähnlich. Weit über die Hälfte, vor allem Lehrer mit einem jungen Hund (ein bis drei Jahre), finden, dass ihr Hund noch eine weitere Ausbildung benötigt. Bei sich selbst sehen aktuell über 70 % der Lehrkräfte noch einen Aus- oder Weiterbildungsbedarf, meist in Bezug auf praktische Einsatzmöglichkeiten und konkrete Übungen mit dem Hund sowie tiergestützte Pädagogik allgemein. Nur vergleichsweise wenige Lehrer möchten von sich aus mehr über die wissenschaftlichen Grundlagen erfahren. Dabei vermittelt die Wissenschaft objektives, datenbasiertes Wissen über positive Effekte und die ihnen zugrunde liegenden Mechanismen. Sie widerlegt Mythen, die oft über Jahre eine fehlerhafte Praxis fördern, und trägt vor allem zum Verständnis bei, wie der Hund positiv wirkt und worauf geachtet werden muss. Vieles in der Pädagogik wird heute noch intuitiv gehandhabt. Wenn es aber einmal nicht optimal funktioniert, dann hilft nur das Wissen um Wirkmechanismen und ihrer Voraussetzungen weiter (→ Kap. 12). Zudem tragen wissenschaftliche Befunde zur Legitimation hundegestützter Projekte in der Schule bei und können als Argumentationshilfe gegenüber skeptischen Entscheidungsträgern und Kritikern bei der Einführung des Schulhundes dienen.

3.6 Stress beim Schulhund

Wie aus den geforderten Ausbildungsinhalten und Diskussionen um die Einsatzdauer ersichtlich wird, spielt das Thema ‚Stress' beim Schulhund eine große Rolle. Verhaltensanzeichen für Stress, wie unruhiges Hin- und Herlaufen, Hecheln, Züngeln, Rückzug, Überdreht-Sein etc., müssen von der Lehrkraft sicher identifiziert und richtig interpretiert werden, selbst wenn die Aufmerksamkeit vorrangig den Schülern gilt. Ebenso müssen adäquate Maßnahmen zur Regulation bei bestehendem Stress getroffen werden, z. B. der Abbruch einer bestimmen Übung oder das Ablegen des Hundes an einem ruhigen Ort. Langfristig können ein Überdenken der Einsatzzeit und -art bzw. die gezielte Gewöhnung an stressauslösende Reize sinnvoll sein, im Extremfall auch eine Neubewertung der Eignung des Hundes.

Erfahrungsgemäß genügt weder einfach langjähriger Hundebesitz noch die übliche Grundausbildung mit dem Hund oder das Lesen eines Fachbuches, um Stresssignale zuverlässig zu erkennen und richtig zu interpretieren. Hier ist eine gezielte Ausbildung am ‚Objekt' notwendig, am besten mithilfe von Videomaterial des eigenen Hundes, da jedes Tier individuell Stress anders signalisiert. Die Weitergabe dieses Wissens an die Schüler, je nach deren Verständnismöglichkeiten, ist wichtig, damit sie lernen, die Rückmeldungen des Tieres richtig zu interpretieren.

Der Schulhund hat immer einen bestimmten Platz im Klassenraum, auf den er sich bei Bedarf zurückziehen kann. Dort darf er nicht von den Kindern gestört werden. Nur wenn der Hund sich sicher ist, dass er an seinem Rückzugsort nicht behelligt wird, kann er sich auch wirklich entspannen. Das kann ein offener Liegeplatz in einer ruhigen Ecke oder hinter dem Lehrerpult oder auch eine von drei Seiten geschlossene Hundebox (Zimmerkennel) sein, die optische und akustische Eindrücke reduziert. Im Endeffekt kommt es auf die Vorliebe und Gewohnheiten des Tieres an, wie der Platz auszusehen hat. Einige Lehrkräfte haben einen eigens dafür vorgesehenen Raum in der Schule,

Abb. 3: Der Zimmerkennel – ein geschützter Rückzugsort

in dem der Hund für einen längeren Zeitraum (d. h. einige Stunden) ungestört bleiben kann. Ein solcher Raum sollte an einem ruhigen Gang liegen. Nur die zugehörige Lehrkraft sollte Zutritt haben, wenn der Hund dort anwesend ist.

Ruhepausen für den Hund ergeben sich oft auf natürliche Weise, in manchen Einsatzformen sollten sie jedoch gezielt geplant werden, um eine Überforderung des Hundes zu vermeiden. Kurzfristiger, moderater Stress gehört zum Alltag und stellt kein großes Problem dar, sollte aber nach Möglichkeit vermieden oder rasch reduziert werden. Wirklich kritisch zu sehen ist starker, häufiger oder andauernder Stress, der etwa aus der Unfähigkeit eines ungeeigneten Hundes resultiert, mit der dichten sozialen Situation in der Klasse zurechtzukommen. Es ist Aufgabe der Lehrkraft, dem vorzubeugen, und den Hund gegebenenfalls durch adäquate Reaktionen zu beruhigen und in der Freizeit für Ausgleich zu sorgen.

Aus der Praxis berichteten die Lehrkräfte (Marhofer in Vorb.), dass ihr Hund an einem entspannten Tag durch den Einsatz in der Schule im Durchschnitt nur wenig belastet wird. Allerdings gibt fast ein Zehntel der Befragten an, dass ihr Hund schon an einem entspannten Schultag deutliche Belastungsanzeichen zeigt. An einem anstrengenden Schultag liegt die berichtete Belastung im mittleren Bereich, wobei die Einschätzungen stark variieren. Einige Lehrkräfte finden ihren Hund auch dann völlig entspannt, doch über die Hälfte stellt eine merkliche, ein Viertel sogar eine starke Belastung ihres Tieres fest. Sowohl Lärm in der Klasse als auch herumrennende Schüler und das Streicheln durch viele Schüler gleichzeitig lösen Stressreaktionen beim Hund aus, wobei es große individuelle Unterschiede bei den Tieren gibt – einige scheinen von all dem völlig unbeeindruckt, andere reagieren sichtbar empfindlich. Mancher Hund reagiert mit Stressverhalten, wenn die Lehrkraft nicht zu sehen ist, ein anderer auf Hitze im Klassenzimmer, häufigen Raumwechsel, Ärgern vonseiten der Schüler, Lautwerden der Lehrkraft oder Besuche von Fremden. Die meisten Lehrkräfte (75 %) reden dann beruhigend mit dem Hund, streicheln ihn oder verschaffen ihm eine Ruhepause am sicheren Platz. Einige Lehrer (ca. 10 %) versuchen, das Tier über Leckerli oder das gezielte Anbieten von Wasser zu beruhigen. Das ist kritisch zu sehen, da ein Belohnen im Stressfall das gezeigte Stressverhalten verstärken kann – und Wasser sollte ohnehin immer frei zugänglich bereitstehen. Ein Zehntel der Lehrer hat den Hund wegen Stressanzeichen schon einmal nach Hause gebracht und den Einsatz zumindest vorübergehend beendet. Nur jede fünfte Lehrkraft führt außerhalb des Unterrichts bestimmte Übungen zum Ausgleich durch (Agility, Dummy-Arbeit) oder nutzt Entspannungsmethoden wie Tellington-Touch.

EXKURS

Entspannungsmethoden nach Tellington-Touch

In den 1980er Jahren entwickelte die kanadische Tiertrainerin Linda Tellington-Jones eine Methode für die Entspannung von Pferden, die mittlerweile auch bei vielen anderen Tierarten Anwendung findet. Auch bei Tierärzten, -psychologen und -heilpraktikern findet diese Form der nonverbalen Kommunikation immer mehr Anklang. Tellington-Touch vermittelt mithilfe von Berührungen (den sogenannten TTouches) Tieren mehr Selbstsicherheit und Körperbewusstsein und sorgt dafür, dass unerwünschtes Verhalten wie Bellen, Nagen, Ängstlichkeit, Leinenziehen etc. reduziert wird. Gleichzeitig entspannt die Methode die Person, die das Entspannungstraining durchführt, und unterstützt so eine enge Vertrauensbeziehung zwischen Mensch und Tier.

Dabei fördern nicht nur einfaches Ausruhen und Entspannung den Abbau von Stress und eine generelle Ausgeglichenheit: Gemeinsame Aktivitäten, die den Hund seinen Anlagen entsprechend aktivieren, fördern seine Leistungsfähigkeit und vor allem die gute Beziehung zwischen Hund und Lehrkraft. Solche Übungen außerhalb der Schule sind zudem angezeigt, damit der Hund seinen Grundgehorsam bzw. bestimmte Tricks nicht ‚verlernt', v.a., wenn er diese öfters auch mit Schülern in nicht perfekter Art und Weise, also „schlampig", ausführt und dabei oft dennoch belohnt wird.

Zum Weiterlesen

Agsten, L. (2009). HuPäSch: Hunde in die Schulen – und alles wird gut!? Norderstedt, Books on Demand-Verlag.

Agsten, L., Führing, P. und Windscheif, M. (2011). Praxisbuch HuPäSch. Ideen und Übungen zur Hundegestützten Pädagogik in der Schule. Norderstedt, Books on Demand-Verlag.

Heyer, M. und Kloke, N. (2011). Der Schulhund. Eine Praxisanleitung zur hundegestützten Pädagogik im Klassenzimmer. Nerdlen/Daun, Kynos-Verlag.

Marhofer, K. und Beetz, A. (in Vorb.). Der Einsatz von Schulhunden in Deutschland und Österreich – Praxis und Rahmenbedingungen.

Röger-Lakenbrink, I. (2006). Das Therapiehunde-Team. Ein praktischer Wegweiser. Nerdlen/Daun, Kynos-Verlag.

Tellington-Jones, L. (2010). Tellington-Training für Hunde. Stuttgart, Kosmos.

Vanek-Gullner, A. (2007). Lehrer auf vier Pfoten. Theorie und Praxis der hundegestützten Pädagogik. Wien, obv & hpt.

4 Regelungen rund um den Schulhund-Einsatz

Zusammenfassung

Um Risiken und Stress bei Hund, Schülern und Lehrkraft zu minimieren, bedarf es klarer Regeln für den Umgang mit dem Hund. Diese variieren je nach Klasse und Schülern. Im Durchschnitt erachten Lehrer mit Schulhund-Erfahrung jedoch folgende Regeln für einen respektvollen Umgang mit dem Hund und einen angenehmen und sicheren Schulalltag für notwendig.

EXKURS

Allgemeine Schulhund-Regeln für die Klasse

- Der Hund darf in seiner Ruhezone (Decke, Korb, Hundebox) nicht gestört und gestreichelt werden.
- Die Schüler dürfen dem Hund nichts wegnehmen und sollten ihm nicht in die Augen ‚starren'. Es gilt das *Prinzip des höflichen Verhaltens nach Hundeart*, um Konflikte zu vermeiden.
- Die Schüler sollten leise bzw. normal laut sein, d. h. nicht schreien und lärmen, da der Hund geräuschempfindlicher sein kann.
- Die Schüler sollten den Hund nicht festhalten, hochheben, ärgern oder ungefragt füttern und vor dem Körperkontakt sicherstellen, dass der Hund den Schüler wahrgenommen hat, ihn an bestimmten Stellen nicht streicheln und zu nichts zwingen.
- Die Schüler sollen sich nicht vom Hund ablenken lassen, nicht während des Unterrichts mit ihm spielen und Kommandos nur nach Absprache geben.
- Die Schüler sollen im Klassenzimmer nicht rennen.

- Büchertaschen sind geschlossen zu halten, weder Essen noch Gegenstände sollten herumliegen.
- Immer nur ein Schüler darf den Hund streicheln oder mit ihm kuscheln (nicht mehrere Schüler gleichzeitig).
- Das Einhalten von Hygieneregeln sowie das Händewaschen sind Pflicht.
- Regeln für die Arbeit mit dem Hund sollen beachtet werden: Loben, Nein-Sagen, beim Namen nennen und Konsequent-Sein.

4.1 Organisatorisches

Bevor die Idee, einen Hund regelmäßig in den Unterricht zu integrieren, umgesetzt werden kann, gilt es, viel Organisatorisches zu berücksichtigen. Die meisten Lehrer kommen aufgrund eigener positiver Erfahrungen mit Hunden in der Familie oder in anderen Einrichtungen auf die Idee, den Hund mit in die Schule zu bringen. Nicht wenige kennen Kollegen, die mit Hund arbeiten, oder sind durch die Medien ‚auf den Hund gekommen'. Fast alle Lehrkräfte bereiten sich auf den Einsatz vor, sei es durch Gespräche mit erfahrenen Kollegen oder Experten im Feld, mithilfe einschlägiger Bücher oder durch den Besuch von Fachkreistreffen (z.B. Tiere helfen Menschen e.V.; Schulhundweb.de Landesgruppentreffen). Um Entscheidungsträger, Eltern und Kollegen zu überzeugen, ist es von Vorteil, wenn die Lehrer ein individuelles Konzept für den Einsatz ihres Hundes entwickeln und vorlegen. Die wichtigsten Entscheidungsträger, die Schüler, sind fast immer leicht für die Idee zu begeistern.

Versicherung

Eine der ersten Fragen betrifft die Haftpflichtversicherung für den Hund in diesem besonderen Einsatzgebiet. Inzwischen ist es üblich, den jeweiligen Versicherungsträger über den speziellen Einsatz des Hundes zu informieren und das Vorhaben durch einen Zusatzpassus in den Vertrag aufnehmen zu lassen. Bedenklich stimmt, dass knapp ein Drittel der Lehrer keine spezielle Absicherung zusätzlich zur normalen Hundehaftpflicht hat. Während ein solches Anliegen früher z.T. für Schwierigkeiten sorgte, sind heute viele Versicherungsunternehmen generell dazu bereit. Nur selten (in 15 % der berichteten Fälle) entstehen durch die Zusatzversicherung oder den Eintrag zur Absicherung von Personen- und Sachschäden beim Schulhund-Einsatz und teilweise für einen erweiterten Rechtsschutz zusätzliche Kosten.

Zu Recht verlangen einige Schulen, das zuständige Schulamt oder die Institution, welche eine Schulhund-Ausbildung anbietet, den schriftlichen Nachweis, dass dieser spezielle berufliche Einsatz des Hundes versichert ist. Da die Hundehaftpflicht generell nur für die private Haltung und Nutzung eines Hundes gilt, ist die Absprache mit der jeweiligen Versicherung unbedingt zu empfehlen, um im Schadensfall zusätzlichen Ärger zu vermeiden. Einige Lehrkräfte melden ihren Hund auch der Lehrerversicherung/Unfallkasse der Schule und decken darüber Haftungsfälle ab.

Genehmigungen und Regelungen

Einige Formalien sind zu beachten, wenn ein Hund in den Schulalltag eingeführt werden soll. Überwiegend erteilt die Schulleitung selbst die Genehmigung für den Schulhund-Einsatz. In weniger als der Hälfte der Fälle (Marhofer in Vorb.) bedurfte es zudem der Genehmigung des zuständigen Schulamtes oder des Landes-/Stadtschulrates, welche nur in seltenen Fällen auf ein bis zwei Jahre begrenzt war. Je nach Gepflogenheiten der Schule müssen auch Hausmeister, Elternbeirat oder das Kollegium zustimmen. Zumindest ist es immer von Vorteil, alle Beteiligten freundlich zu informieren und um ihre Unterstützung zu bitten, um Unfrieden zu vermeiden. Notwendig dagegen ist üblicherweise immer die Zustimmung der Eltern, sodass bei einem Klassenwechsel des Hundes vorher abgefragt werden sollte, ob diese Voraussetzung gegeben ist.

Generelle Vorgaben der zuständigen Ministerien (Unterricht/Schule/Bildung) zum Einsatz von Hunden in der Schule gibt es kaum. Wie bereits erwähnt ist die Einstellung zum Thema in Österreich insgesamt positiv. Das Ministerium ist gut informiert und hat sogar eigene Empfehlungen für den Schulhund-Einsatz erstellt und veröffentlicht (www.bmukk.gv.at 2012). In Deutschland ergab eine Umfrage von Wientzek aus dem Jahr 2009, an der sich 14 Ministerien der Bundesländer beteiligten und die wohl auch zum jetzigen Zeitpunkt das allgemeine Vorgehen wiedergibt, folgende Erkenntnisse und Empfehlungen für den Schulhund-Einsatz (Wientzek 2009):

Überwiegend war der Einsatz von Schulhunden auf ministerieller Ebene nicht bekannt, und es gab keine offiziellen Regelungen, obwohl in einigen Bundesländern bereits mehrere Schulhund-Lehrkraft-Teams aktiv waren. Wie in der Praxis ohnehin üblich, wurde die Genehmigung eines solchen Projekts im Sinne der pädagogischen Eigenverantwortung der Schulleitung überlassen, unter der Voraussetzung, dass die allgemeinen Schulregeln beachtet würden (z. B. Bayern, Baden-Württemberg, Bremen, Thüringen, Hessen, Berlin,

Sachsen, Saarland, Niedersachsen, Schleswig-Holstein und Nordrhein-Westfalen). Dennoch wurde darauf hingewiesen, dass es vorteilhaft sei, die übergeordneten Stellen (Schulamt) zu informieren, damit diese bei Anfragen von Dritten nicht ahnungslos erscheinen und dadurch verstimmt werden. Entsprechend wurde von den Ministerien in Mecklenburg-Vorpommern und Schleswig-Holstein, denen Schulhunde bereits bekannt waren, für staatliche Regelschulen eine Genehmigung durch das Schulamt bzw. den Schulträger gefordert.

Einige Angaben der Ministerien bezogen sich fälschlicherweise auf die Hundehaltung in Schulen. Hierzu sei gesagt, dass der Schulhund selbstverständlich immer der einsetzenden Lehrkraft gehört. Der Schulhund ist Familienmitglied und als solches außerhalb des Unterrichts zuhause zu halten. Zwingerhaltung oder ähnliche kontaktarme Unterbringung sind für den Schulhund, wie für alle Hunde im pädagogischen und therapeutischen Einsatz, gänzlich abzulehnen. Der Schulhund braucht eine feste Bezugsperson, die sich hauptverantwortlich um ihn kümmert und ihn sehr gut kennt. Nur bei ausreichend sozialem Kontakt kann eine vertrauensvolle Beziehung zwischen Lehrkraft und Hund hergestellt und aufrechterhalten werden. Zudem ist die gemeinsam verbrachte Zeit notwendig, damit die Lehrkraft Fähigkeiten und Belastung des Hundes gut einschätzen und den Einsatz entsprechend optimieren kann (Agsten 2009). Nie sollte der Hund zum Schulinventar gehören oder als Arbeitsmittel gehalten werden – er ist ein soziales Lebewesen und auf die Beziehung zu Menschen ausgerichtet (Kotrschal 2009; Kotrschal et al. 2009).

Nur wenige Ministerien gingen gezielt auf Voraussetzungen wie eine besondere Ausbildung des Hundes oder eine spezifische Ausbildung der Lehrkraft ein (Niedersachsen, Sachsen-Anhalt und Nordrhein-Westfalen). Dagegen wiesen die meisten Ministerien auf die notwendige Erlaubnis der Eltern, Hygienevorschriften der Schulen und die mögliche Allergieproblematik hin. Nur Nordrhein-Westfalen sprach Regeln im Umgang und Impfungen/Gesundheit des Hundes an und verwies auf eine notwendige Absprache mit dem zuständigen Veterinäramt.

Insgesamt gibt es heute in Deutschland noch kaum verbindliche Vorgaben zum Einsatz von Schulhunden, und es wird empfohlen, sich an die allgemeinen Vorschriften für die Schule zu halten. Überwiegend herrschte bei den Ministerien die Meinung vor, dass besondere rechtliche Rahmenbedingungen nicht notwendig seien. Daraus ergibt sich zwar eine gewisse Rechtsunsicherheit, aber es ergeben sich auch große Freiheitsgrade. Theoretisch würden spezifische Regelungen und Bedingungen, die erfüllt werden müssen, helfen, auch dort einen Schulhund einsetzen zu können, wo Träger und

Schulleitung negativ eingestellt sind. Jedoch ist ein solcher Rahmen ohnehin äußerst ungünstig.

Dagegen wären Richtlinien im Rahmen der Genehmigung und Qualitätssicherung durchaus hilfreich. Diese sollten die Voraussetzungen bei Hund und Lehrkraft im schulischen Umfeld spezifizieren, z. B. welche Inhalte in der Ausbildung behandelt werden, anstatt Kriterien, wie beispielsweise eine Therapiehundeprüfung, zu nennen, die wiederum völlig ungeregelt sind.

Freiwillige Selbstverpflichtung für Lehrer

Vor dem Hintergrund des relativ standardfreien Raums in Bezug auf Schulhunde hat der deutsche Fachkreis Schulhunde (Nickel et al. 2008, in Nickel/Agsten 2011) eine *‚Freiwillige Selbstverpflichtung'* ausgearbeitet. Damit werden Vorgaben für den Schulhund-Einsatz gemacht, die eine Selbstkontrolle ermöglichen und erheblich zu einer professionellen hundegestützten Arbeit in der Schule beitragen. Bedauerlicherweise gibt es einige Lehrkräfte, die sich nicht an diesen Richtlinien orientieren, welche von Schulhund-Lehrern mit langjähriger Erfahrung sorgfältig ausgearbeitet wurden und gerade einmal die wichtigsten Punkte ansprechen (Nickel 2011).

EXKURS

Freiwillige Selbstverpflichtung (Nickel, Agsten, Ford 2008)
Ausbildung

- Die Ausbildung der Schulhunde erfolgt immer im Team Hund/HundeführerIn, bei der der Hund als „Familienmitglied" art- und tierschutzgerecht im Haushalt lebt.
- Ein Grundgehorsam auf dem Niveau der Begleithundeprüfung oder des Hundeführerscheins und eine gute Teambildung zwischen Hund und HundeführerIn sind neben bestimmten charakterlichen Eigenschaften Grundvoraussetzung für die spezielle Qualifikation des Hundes.
- Kenntnisse über die Körpersprache bei Hund und Mensch und das Lernverhalten bei Hunden sind grundlegende Voraussetzungen für einen qualifizierten Einsatz.
- Der/die HundeführerIn nimmt regelmäßig am Austausch zur hundegestützten Pädagogik in speziellen Weiterbildungen oder mit qualifizierten Vereinen, Hundeschulen, Arbeitskreisen oder Fachleuten zum Thema teil. Dabei ist es wichtig, dass PädagogInnen mit längerer praktischer Erfahrung im Bereich HuPäSch involviert sind.

- Der Umgang mit dem Hund hat liebe- und respektvoll zu erfolgen, eine gute Teambindung muss gegeben sein. Der/die HundeführerIn muss die Kompetenz besitzen, Stress bei sich, den Kindern und dem Tier zu erkennen und in der Lage sein, den Hund aus Stress- und Belastungssituationen sofort herauszuholen.

Hygienebestimmungen

- Gesundheitsattest des Tierarztes, der eine gute Allgemeinverfassung, regelmäßige Kotproben oder/und Entwurmung, vorgeschriebene Impfungen und Ektoparasitenprophylaxe attestiert.
- Der Hund darf keinen Zugang zur Küche erhalten, in der Lebensmittel zubereitet werden.
- Eine Möglichkeit zum Händewaschen muss in der Klasse gegeben sein.
- Ein Desinfektionsmittel und geeignetes Material zur Entfernung von Ausscheidungen muss vorhanden sein.

Einsatz

- Der Einsatz der Schulhunde erfolgt nur im Team Hund/HundeführerIn.
- Die Möglichkeit des selbstständigen Rückzugs des Hundes auf einen eigenen, ungestörten Ruheplatz muss gewährleistet sein.
- Rituale für den Hund und Regeln für die Schüler müssen etabliert werden, um dem Hund Hilfestellungen beim Einsatz zu geben und um Stress zu reduzieren.
- Der Einsatz des Hundes muss entsprechend seiner Bedürfnisse und Voraussetzungen und denen des Pädagogen, der Schüler und der Schule individuell angepasst werden.
- VOR dem ersten Einsatz liegt eine schriftliche Versicherungsbestätigung der Tierhalterhaftpflicht vor, aus der ersichtlich wird, dass die Versicherung über den Einsatz des Hundes in der Einrichtung informiert ist.

4.2 Hygiene und Gesundheit

Wie bei allen tiergestützten Interventionen in öffentlichen oder halböffentlichen Einrichtungen spielt die Frage der Hygiene und Gesundheitsgefährdung aller Beteiligten eine große Rolle. Vor allem um den Einsatz risikoarm zu gestalten, aber auch um Kritiker tiergestützter Projekte fachlich kompetent zu überzeugen, ist das Wissen über die Themen ‚Hygiene' und ‚Gesundheit' relevant.

Selbstverständlich sind beim Einsatz von Hunden im Unterricht die *Hygienevorschriften* der jeweiligen Schule zu beachten. Auch wenn ein Hund normalerweise kein großes Gesundheitsrisiko darstellt, sind unbedingt folgende Punkte zu berücksichtigen (s. Agsten 2009; Schwarzkopf 2003; Weber/Schwarzkopf 2003):

- Die weitgehende Gesundheit, also eine gute Allgemeinverfassung des Hundes, sollte vom betreuenden Tierarzt in regelmäßigen Abständen bestätigt werden.
- Die üblichen Impfungen und Vorsorgemaßnahmen gegen (Ekto-)Parasiten (Zecken, Flöhe o.ä.) müssen ebenso durchgeführt werden wie eine regelmäßige Entwurmung (zur Beseitigung von Endoparasiten) oder eine entsprechende tierärztliche Untersuchung zur Bestätigung der Freiheit von Wurmbefall.
- Der Hund sollte eine regelmäßige Körperpflege erhalten und bei Anzeichen einer Erkrankung nicht mit in die Schule genommen werden.
- Zudem sind bestimmte Erkrankungen, sogenannte *Zoonosen*, von Tieren auf den Menschen übertragbar, wobei die Krankheitserreger Bakterien, Viren, Parasiten oder Pilze sein können. Ein gesundes Tier und einige einfache Maßnahmen minimieren das Risiko einer Übertragung, das bei gesunden Menschen ohnehin eher gering ist.
- Im Unterrichtsraum sollte eine Möglichkeit zum Händewaschen vorhanden sein, die auch entsprechend genutzt wird.
- Bei Missgeschicken des Tieres in der Schule (Urin-/Kotabgang, Erbrechen) sollte der Bereich mit einem Desinfektionsmittel gereinigt werden.
- Der Liegeplatz und Spielzeuge des Tieres bedürfen ebenfalls regelmäßiger Reinigung.
- Den Vorschriften zur Handhabung der Hygiene in Schulküchen oder dem Bereich, wo gegessen und Nahrung zubereitet wird, ist Genüge zu leisten. Ein gut erzogener Hund kann in diesem Bereich oder zu den Essens-/Zubereitungszeiten problemlos in seiner Hundebox abgelegt werden (Nickel 2011). Im Gegensatz zum privaten Umgang ist die Schule ein (halb-)öffentlicher Ort, wo eben etwas strengere Regeln gelten können, als den Schülern oder mancher Lehrkraft lieb ist.

Ob das Gesundheitsamt über den Einsatz informiert wird, ist individuell zu entscheiden. In diesem Fall sollte ein kurzer Hygieneplan (s. Agsten 2009; Schwarzkopf 2003) ausgearbeitet werden, der jedoch ohnehin für die Überzeugungsarbeit im Kollegium, der Elternschaft, der Schulleitung und des Schulamtes von Vorteil ist.

Allergien stellen in der Allgemeinbevölkerung zunehmend ein Problem dar und betreffen somit auch Schüler. Eine starke allergische Reaktion eines Schülers oder auch einer Lehrkraft, die im gleichen Klassenraum unterrichtet, stellt eine eindeutige Kontraindikation für den Schulhund-Einsatz dar. Allerdings sollte geprüft werden, ob wirklich der Schulhund starke Symptome auslöst, da Personen sehr unterschiedlich auf verschiedene Rassen reagieren können. Leichte Symptome sind – bei gutem Willen und Begeisterung für das Tier – oftmals über entsprechende Hygienemaßnahmen gut zu händeln. Das kann jedoch nicht als Argument genutzt werden, Eltern von Kindern mit leichten allergischen Reaktionen in ihrer Zustimmung zu übergehen. In der Praxis klären erfahrene Schulhund-Lehrer bereits im Vorfeld ab, ob in der zukünftigen Klasse Schüler mit einer entsprechenden Allergie oder Hundephobie sind. Beides muss ernst genommen werden – das Recht eines jeden Schülers, beschwerde- und angstfrei in seinem gewohnten schulischen Umfeld zu lernen, darf nicht beeinträchtigt werden. Oft wollen aber Kinder mit leichten Symptomen dennoch, dass der Schulhund in die Klasse kommt, und arrangieren sich recht schnell mit den entsprechenden Umständen durch die Vermeidung von Streicheleinheiten oder das sofortige Händewaschen danach bzw. im Fall von Angst vor Hunden durch eine vorsichtige Kontaktaufnahme.

4.3 Dokumentation und Darstellung in der Öffentlichkeit

Der Einsatz des Schulhundes sollte intern in geeigneter Form dokumentiert werden. So ist es sinnvoll, im Klassenbuch einzutragen, wann der Hund anwesend ist, damit dies im Nachhinein nachvollziehbar ist. Ein kurzer jährlicher Bericht informiert das schulische Umfeld und Entscheidungsträger über die Aktivitäten und kann der Lehrkraft zur Selbstreflexion dienen.

Da Kinder und Tiere generell, aber in Zeiten der sogenannten Bildungsmisere besonders Tiere im schulischen Bereich, immer für eine Schlagzeile gut sind, hatten viele Schulhund-Lehrer schon einmal Kontakt mit der Zeitung, Zeitschriften, dem Fernsehen oder dem Rundfunk. Eine realitätsnahe Information zum Thema Schulhund ist wünschenswert, da sie Vorurteile abbauen und über die positiven Effekte aufklären kann. Bei der Darstellung in Bild und Wort sollte auf Übertreibungen oder gestellte Szenen, die so im Alltag nicht vorkommen, verzichtet werden. Sie sind unnötig, denn üblicherweise ist die

Realität des Schulalltags mit Hund schon faszinierend und unterhaltend genug. Sicherlich ohne böse Hintergedanken möchten Reporter manchmal lustige Szenen ins Bild setzen – z. B. sitzt oder liegt der Hund auf dem Pult der Lehrkraft oder den Tischen der Schüler oder leckt einem Kind über das Gesicht. Das ist an und für sich nicht wirklich bedenklich, aber gerade Kritiker nehmen an solchen Bildern leider Anstoß. Ebenso kritisch sind Aufnahmen, in denen der Hund nur unwillig oder unter Stress mitwirkt – nicht allzu selten sieht man auf Tagungen oder in der Presse Bilder von Tieren, die zum Zeitpunkt der Aufnahme wenig Begeisterung für ihre angeblich so wunderbare Aufgabe zeigen.

Unerlässlich beim Umgang mit der Presse – und ebenso mit der Wissenschaft – ist die Genehmigung der Schulleitung und aller Personen, die fotografiert, gefilmt oder interviewt werden, im Falle der Schüler ist außerdem die Genehmigung eines Erziehungsberechtigten vonnöten.

Erfreulich ist, dass fast alle Schulhund-Lehrer den Schulhund-Einsatz dokumentieren (Marhofer in Vorb.). Meist geschieht dies über Berichte in den Medien oder eine schulinterne Dokumentation in der Schülerzeitung oder im Jahresbericht der Schule, an Elternabenden oder über schriftliche Ausarbeitungen. Ungefähr jede vierte Lehrkraft berichtet auf einer privaten Homepage oder auf der Homepage der Schule über den Schulhund. Andere Formen der Dokumentation finden sich in Hundetagebüchern, die zusammen mit der Klasse geführt werden, Aufzeichnungen im Klassentagebuch oder in Berichten zur Einzelförderung. Nur vereinzelt gibt es Evaluationen mittels Befragung der Eltern und Schüler oder wissenschaftliche Studien.

Zum Weiterlesen

Agsten, L. (2009). HuPäSch: Hunde in die Schulen – und alles wird gut!? Norderstedt, Books on Demand-Verlag.

Kotrschal, K. (2009). Die evolutionäre Theorie der Mensch-Tier-Beziehung. In: C. Otterstedt und M. Rosenberger (Hrsg.). Gefährten – Konkurrenten – Verwandte. Die Mensch-Tier-Beziehung im wissenschaftlichen Diskurs. Göttingen, Vandenhoeck & Ruprecht, 55–77.

Nickel, K., Agsten, L. und Ford, G. (2008). Freiwillige Selbstverpflichtung für den Einsatz von Schulhunden. Fachkreis Schulhunde Tiere helfen Menschen e.V.

Schwarzkopf A. (2003). Hygiene: Voraussetzung für Therapie mit Tieren. In: E. Olbrich und C. Otterstedt (Hrsg.). Menschen brauchen Tiere – Grundlagen und Praxis der tiergestützten Pädagogik und Therapie. Stuttgart, Kosmos.

Weber, A. und Schwarzkopf, A. (2003). Heimtierhaltung – Chancen und Risiken für die Gesundheit. Gesundheitsberichterstattung des Bundes, Themenheft 19 des Robert-Koch-Instituts/Statistischen Bundesamts.

5 Erfahrungen mit dem Einsatz von Schulhunden

Zusammenfassung

Welche pädagogischen Zielsetzungen verfolgen Lehrer mit einem ,Projekt Schulhund'? Wie sind die wenigen kritischen Vorfälle mit Schulhunden einzuschätzen? Und wie reagieren die an dem Projekt Beteiligten, also Lehrkräfte, Schulleiter, Kollegen, Eltern und Schüler auf den Einsatz?

5.1 Pädagogische Ziele

Vorstellbar ist eine Vielfalt von pädagogischen Wirkungen von Hunden, die je nach dem Bedarf der Schüler gezielt angestrebt werden können. Leider äußerten sich in der Befragung von Marhofer (in Vorb.) nur 80 % der Lehrkräfte zu diesem Thema. Überwiegend beabsichtigen die Lehrer, über den Hund das Sozialverhalten, die sozio-emotionale Kompetenz und die Empathie der Schüler zu verbessern. Nur jeder zweite Lehrer nannte die Vermittlung von Freude und Sicherheit beim Umgang mit Hunden, die mit dem Erleben von bedingungsloser Akzeptanz einhergehen. Etwa 20 % intendieren eine Verbesserung des Klassenklimas und der Arbeitsatmosphäre, unter anderem durch höhere Disziplin und vermehrte Teamfähigkeit. Weitere pädagogische Zielsetzungen betreffen Konzentration, Selbstständigkeit im Lernverhalten, Kommunikation, Motivation, Freude an der Schule, Reduktion von Stress sowie den verantwortungs- und respektvollen Umgang miteinander und bei einzelnen Schülern Selbstbewusstsein, Motorik und besondere Defizite. Ob ein Schulhund diese Bereiche wirklich beeinflussen kann, bleibt festzustellen (→ Kap. 6). Ihren eigenen Erfahrungen nach bemerkte ein Drittel der befragten Lehrer einen moderat positiven und zwei Drittel einen stark positiven Einfluss des Hundes auf das Sozialverhalten der Klasse. Ebenso fanden über 80 %, dass ihre Klasse leiser geworden war, die Schüler mehr Freude am Lernen hatten und sich das Klassenklima merklich verbessert hatte. Einen deutlich positiven Einfluss auf Konzentration, Aufmerksamkeit gegenüber der Lehrkraft, schulische Leistungen und Aggressionen stellten knapp 70 % der Befragten fest. Obwohl viele Lehrer keine Angaben dazu machen konnten, glaubten fast 60 %, dass einige Schüler auch weniger Prüfungsangst hatten, wenn der Hund dabei war.

Insgesamt waren die Lehrkräfte durchweg von den positiven Effekten des Hundes überzeugt, welche auch ihren pädagogischen Zielsetzungen entsprachen. Generell ist davon auszugehen, dass sich die subjektiv wahrgenommenen Effekte und positiven Rückmeldungen zur eigenen engagierten Arbeit günstig auf das Wohlbefinden und den Einsatz der Lehrkraft selbst auswirken.

5.2 Kritische Vorfälle mit dem Schulhund

Zur Arbeit mit Schulhunden zählen ebenso kritische Vorfälle, die wahrgenommen werden müssen und denen die Lehrkraft angemessen entgegenwirken sollte. Darunter fallen sowohl Gefährdungen der Kinder oder anderer Personen durch den Hund als auch Gefährdungen des Hundes durch die Schüler. Erfreulicherweise berichtet nur jede vierte Lehrkraft von kritischen Vorfällen in der Praxis.

Vereinzelt (bei je 2 von 84 Schulhunden) kam es zu akuten allergischen Reaktionen von Schülern auf den Hund oder zu aggressivem Verhalten des Hundes gegenüber einem Schüler (warnendes Knurren, Schnappen). Auch das stürmische Anspringen durch einen Schulhund kann Schüler gefährden, wobei das insbesondere auf Grundschüler zutrifft.

Viel häufiger wurde jedoch der Hund durch die Kinder gefährdet. Lehrkräfte, die von einem oder mehreren kritischen Vorfällen berichteten, gaben an, dass der Hund schon einmal absichtlich getreten oder geschlagen wurde oder sonstige körperliche Übergriffe stattfanden, die Angst oder Schmerzen bei ihm auslösten. Vereinzelt kam es auch zu unabsichtlichen Gefährdungen wie dem Einklemmen des Hundeschwanzes beim Verschieben eines Stuhls.

Obwohl jede Lehrkraft sicher versucht, kritischen Vorfällen vorzubeugen, zeigt die Erfahrung, dass sich das in der Praxis nicht immer ganz vermeiden lässt. Gerade in solchen Momenten ist die vertrauensvolle Beziehung des Hundes zur Lehrkraft wichtig, damit der Hund Schutz und Trost erfährt und das Erlebte so verarbeiten kann, dass auch in Zukunft ein weiterer Einsatz möglich ist. Zudem zeigt es, wie wichtig die geforderte Stressresistenz und ein ausgeglichenes Wesen des Hundes für die besondere Arbeit in der Schule sind.

5.3 Rückmeldungen zum Schulhund-Einsatz

Einen Hund in der Schule einzusetzen ist heute noch ein recht ungewöhnlicher pädagogischer Ansatz. Daher ist es interessant, wie das schulische Umfeld auf den Schulhund reagiert und welche Rückmeldungen zu Effekten es von verschiedenen Seiten gibt.

Erfahrungen der Lehrkräfte

Überwiegend äußerten sich Kollegen und Schulleitung (je 75 %) sowie Eltern (90 %) positiv bis sehr positiv zum Schulhund. Mehr als die Hälfte der Lehrer berichtete, dass auch Kollegen und Eltern feststellten, dass die Schüler lieber in die Schule gingen und sich immer sehr auf den Hund freuten. Mehr als ein Drittel der Lehrkräfte wurde von Kollegen auf das verbesserte Klassenklima angesprochen. Dazu zählten weniger Lärm, konsequenteres Einhalten von Regeln, mehr Klassenzusammenhalt und generell sozial kompetenteres und selbstständigeres Verhalten. Einige Kinder zeigten weniger Angst vor Hunden, erzählten zuhause mehr von der Schule und wünschten sich selbst auch einen Hund. Zudem waren die Schüler stolz auf ‚ihren' Schulhund und identifizierten sich als Klasse mit ihm. Vereinzelt gab es positive Rückmeldungen zu verbesserter Konzentration, Motivation und Ausgeglichenheit der Schüler. Somit stellen auch Außenstehende vielfältige positive Wirkungen des Schulhundes fest und bestätigen damit die subjektiven Erfahrungen der Lehrer.

Immerhin über 60 % der Lehrkräfte berichteten auch von Problemen und Kritik durch Dritte. Ungefähr jede fünfte Lehrkraft mit Hund wurde schon einmal von Eltern, Vorgesetzten oder Kollegen aufgrund von Hygiene- oder Allergiebedenken oder Angst vor Hunden kritisiert. Während die Kinder der anderen Klassen oft auch gerne einen Schulhund wollten, stieß das Projekt bei einigen Kollegen auf Ablehnung. Nicht nur, weil einige Kollegen tatsächlich Angst vor dem Hund hatten, sich durch ihn belästigt fühlten (Geruch, gelegentliches Bellen) oder mit Unverständnis reagierten, wenn die Lehrkraft ihren Hund nicht stundenweise ausleihen wollte. Einige Kollegen fanden auch, wenn es schon einen Schulhund gebe, sollte es ihnen ebenso erlaubt sein, ihren eigenen Hund zur leichteren Beaufsichtigung mit in den Unterricht zu nehmen. Um solchen Argumentationen entgegenzuwirken, sind Richtlinien für die Eignung des Hundes sowie eine spezielle Ausbildung des Schulhund-Lehrkraft-Teams von Vorteil. Nur wenige wirklich engagierte Lehrkräfte und ihre Privathunde werden diese erfüllen, womit sich die Anzahl von Schulhunden an einer Schule auf natürliche Weise begrenzt.

Erfahrungen der Schulleitung

Während die direkten Rückmeldungen der Lehrkräfte subjektiven Spielraum für positive Verzerrungen lassen, so sind direkte Befragungen von Vorgesetzten aussagekräftiger. Marhofer befragte im Jahr 2011 (in Vorb.) auch die Schulleitung zu ihren Erfahrungen mit dem Schulhund-Einsatz. Obgleich nur neun Rektoren, die selbst keinen Schulhund führten, antworteten, sind die Rückmeldungen doch interessant: Alle berichteten von positiven Auswirkungen auf die Schüler, die Hälfte bezog sich dabei konkret auf die Förderung einer angenehmen Lernatmosphäre, von Ruhe, Ordnung und Motivation und einem verbesserten Klassenklima. Einige erlebten deutliche Veränderungen bei Problemfällen, also Kindern mit äußerst auffälligem Verhalten. Kritische Vorfälle wurden von der Schulleitung nie genannt. Insgesamt waren die Rückmeldungen vom Kollegium sowie den eigenen Vorgesetzten an die Rektoren bis auf eine Ausnahme positiv. Auch die Schüler drückten der Schulleitung gegenüber ihre Begeisterung über den Hund aus, fast ebenso positiv äußerten sich im Durchschnitt die Eltern.

Drei von neun Rektoren nannten folgende Kritik und Probleme, mit denen sie konfrontiert wurden: Unverständnis von anderen Lehrkräften in Bezug auf Sinn und Zweck des Schulhundes, hygienische oder gesundheitliche Bedenken oder Befürchtungen von Eltern, dass der Hund die Kinder vom Lernen ablenken könnte. Anscheinend wogen diese Kritikpunkte jedoch nicht allzu schwer, da alle Schulleitungen das ‚Projekt Schulhund' auch in Zukunft weiterführen wollten.

Rückmeldungen der Eltern

Leider gibt es bisher kaum Daten zu der Frage, was die Eltern von dem Einsatz eines Hundes in der Klasse ihres Kindes halten. Eine Ausnahme stellt eine Elternbefragung an einer Volksschule in Österreich dar, die stattfand, nachdem die Schulhündin Rosi im vorangegangenen Schuljahr für zwei bis drei Tage pro Woche im Unterricht anwesend gewesen war (Giefing/Werfring 2013). Der Schulhund wurde in dieser dritten Klasse mit 23 Schülern gezielt eingeführt, um schwerwiegende soziale Konflikte unter den Schülern zu mildern, was nach Aussage der Projektbeteiligten durchaus gelungen war (H. Mandl, Elternvertreter, persönliches Gespräch mit der Autorin, 2011). Gerade einige Jungen hatten sich vor dem Schulhund-Einsatz impulsiv und aggressiv verhalten, mehrere Schüler hatten Probleme mit Konzentration und Motivation.

Die Rückmeldungen der 18 Eltern zu Veränderungen bei ihren Kindern seit Beginn des Schulhund-Projekts ergaben folgenden Gesamteindruck: Auf die Mehrzahl der Mädchen und Jungen schien der Hund eindeutig beruhigend zu wirken. Eine gesteigerte Aufmerksamkeit stellte je die Hälfte der Eltern von Mädchen und Jungen fest. Einige Schüler waren deutlich verantwortungsvoller, verlässlicher und hilfsbereiter als vor dem Projekt. Zudem suchte etwa die Hälfte der Kinder zuhause mehr Zuwendung. Bei je drei Jungen und Mädchen glaubten die Eltern, dass ihr Kind besser in die Klasse integriert worden sei und mehr Selbstbewusstsein entwickelt habe, seit die Schulhündin Rosi mit im Unterricht war.

Insgesamt ist bemerkenswert, dass Rosis Einsatz anscheinend über den eigentlichen Unterricht hinaus Effekte auf einige Schüler erzielte. Der Hund wirkte sich nicht nur im Sinne einer Milderung des Problemverhaltens der Kinder aus, sondern förderte offensichtlich positive Eigenschaften wie Ausgeglichenheit, Verantwortungsbewusstsein, Zuverlässigkeit und Aufmerksamkeit. Ob einiges davon einem natürlichen Reifungsprozess oder doch dem Einfluss der Schulhündin zugeschrieben werden kann, bleibt offen.

Rückmeldungen der Schüler

So relevant die Rückmeldungen der Erwachsenen, also der Pädagogen, der Schulleitung und der Eltern, sind, so steht und fällt der Einsatz des Schulhundes doch mit der Kooperationsbereitschaft der Schüler. Hier ergeben sich selten Probleme, da fast alle Kinder den Schulhund – am liebsten täglich – im

Unterricht dabei haben wollen. Selbst Schüler, die zu Beginn eines Schulhund-Projekts ängstlich sind oder Vorbehalte haben, arrangieren sich im Laufe der Zeit mit seiner Anwesenheit. Nach einer Eingewöhnungszeit genießen gerade ängstliche Kinder den Kontakt zum Hund besonders und sind stolz, ihre Angst überwunden zu haben. Bei Schülerbefragungen (Beetz 2011; Beetz/Volk 2008; Beetz et al. 2008, 2010 und 2011) äußerten nur einzelne Schüler eine neutrale Einstellung zum Hund, während über 90 % begeistert von ihrem Schulhund waren.

Diese positive Einstellung und emotionale Beziehung der Kinder zum Hund zählen zu den wichtigsten Voraussetzungen für die förderlichen Effekte eines Schulhund-Einsatzes in den Bereichen Bildung und Erziehung.

FAZIT

Was lässt sich aus den angesprochenen Themen rund um den Schulhund-Einsatz sowie den vorliegenden Berichten aus der derzeitigen Praxis zusammenfassend ableiten?

In der Gesamtschau relativieren sich die vergleichsweise selten genannten kritischen Stimmen und Problempunkte vor dem Hintergrund der positiven Effekte. Dabei sollte auf wirklich berechtigte Kritik natürlich immer eingegangen werden, da sich nicht jede Lehrkraft an den professionellen Richtlinien orientiert, welche die Grundlage für einen weitgehend störungsfreien Einsatz von Hunden in der Schule sind. Positive Veränderungen bei einigen, vorher meist auffälligen Schülern werden durch die Beobachtungen der Lehrer und Eltern und indirekt durch die Rückmeldungen an die Schulleitung dokumentiert. Das besser angepasste Sozialverhalten dieser Schüler wirkt sich zudem günstig auf die gesamte Klassengemeinschaft aus und trägt so zu einem besseren Lernumfeld für alle Schüler bei.

Abschließend bleibt zu sagen, dass die Praxis, Hunde regelmäßig in der Schule für pädagogische Zwecke einzusetzen, trotz einer stetig wachsenden Anzahl von Schulhunden heute noch recht ungewöhnlich ist. Die Erfahrungen zeigen, dass dabei auf vieles geachtet werden muss, um den Ablauf für alle Beteiligten angenehm zu gestalten und damit positive Effekte zu ermöglichen. Dazu zählen insbesondere Voraussetzungen wie die Eignung des Hundes und eine spezielle Ausbildung des Schulhund-Lehrkraft-Teams. Aber auch organisatorische Rahmenbedingungen wie der richtige Umgang mit Hygiene und Allergien, Versicherung und Genehmigung durch Schulleitung, Schulämter und Eltern müssen erfüllt werden. Dann steht dem Erfolg des Projekts Schulhund nichts mehr im Wege: Positive Wirkungen auf das Sozialverhalten und das Befinden einzelner Schüler und der ganzen Klasse, aber vor allem mehr Freude an der Schule und am Lernen!

6 Effekte von Hunden in der Schule

Zusammenfassung

Welche Effekte hat der Schulhund-Einsatz nachweislich auf die Schüler und die Klassengemeinschaft? Während die Berichte der Lehrer erste Hinweise geben, werden in diesem Kapitel die wenigen Studien zur Wirkung von Hunden in der Schule vorgestellt. Anscheinend beeinflusst der Schulhund vor allem das Sozialverhalten von Schülern positiv, insbesondere auffälliges Verhalten sowie das Klassenklima, die Freude an der Schule, die Motivation und die Konzentration.

Die Praxis zeigt, dass es möglich ist, Hunde in den Unterricht zu integrieren. Dass dies auch sinnvoll ist, argumentieren die Lehrkräfte meist ausschließlich anhand ihrer eigenen positiven Erfahrungen. Heute stützen objektive wissenschaftliche Befunde die subjektiv erlebten Effekte und tragen darüber hinaus zu ihrer Erklärung bei.

Zusätzlich zum folgenden Überblick über die Daten zu den Effekten von Schulhunden werden Studien zu allgemeinen Effekten von Hunden vorgestellt, deren Ergebnisse sich auf die Schulsituation übertragen lassen und die einen Einblick in die zugrunde liegenden Mechanismen gewähren. Dabei ist es nicht das Ziel, auf alle Bereiche einzugehen, in denen ein Hund im pädagogischen Kontext gut eingesetzt werden kann. Ein Hund kann ideal z. B. das Üben von Motorik, Sensorik oder Sprache sinnvoll unterstützen. Grundlegend wirken hier aber eher motivationale oder stressreduzierende Aspekte, die das Besondere im Vergleich zur Arbeit ohne Hund ausmachen. Speziell sollen jedoch solche grundlegenden Bereiche identifiziert werden, in denen die Assistenz durch einen Hund im Vergleich zur Pädagogik mit ‚nur' einer menschlichen Lehrkraft etwas schafft, was jene nur in eingeschränktem Maße, deutlich langsamer oder mit erheblichem Mehraufwand erreicht. Zusammenfassend wird daraus ein Modell der grundlegenden Wirkung von Schulhunden bzw. Hunden in der Pädagogik abgeleitet, das aufgrund seiner unspezifischen Konzeption auf eine große Bandbreite von Schulsituationen, pädagogischen Zielsetzungen und Schülern anwendbar ist.

6.1 Berichte über Effekte von Schulhunden

In Deutschland waren um das Jahr 2000 herum erste Berichte von Lehrkräften zu lesen, die ihren Hund mit in den Unterricht nahmen, so zum Beispiel von B. Retzlaff, der mit seiner Labrador-Hündin Jule seine 7. Hauptschulklasse besuchte. Zunächst war Jule nur ein bis zwei Tage pro Woche in der Schule, später dann auch täglich, oft mit Unterstützung von Retzlaffs zweiter Hündin Nina. Nach seinen Erfahrungen hilft die Anwesenheit der Hunde sowohl bei der Wissensvermittlung, aber vor allem auch bei der Erziehungsarbeit. Gerade Letztere scheint heute immer mehr in den Vordergrund zu rücken (Bauer 2008) – nicht nur in Schulen für Sonderpädagogik. Konkret beschrieb Retzlaff (2002), dass der Schulhund als sozialer Katalysator die menschlichen Kontakte zwischen den Schülern, aber auch zwischen Schüler und Lehrkraft vereinfachte und förderte, und bestätigte so die Wirkung von Hunden als ‚soziales Schmiermittel'. Ein Hund verbessert nach Retzlaff (2002) das Unterrichtsklima, schafft eine lockerere Atmosphäre und trägt zum Wohlbefinden und einem Gefühl der Freude und Zuneigung bei Schülern und Lehrer bei. Das bedeutet aber nicht, dass die Disziplin auf der Strecke bleibt, sondern unter anderem, dass der Lehrer, dem sein Hund auch einmal nicht gehorchen darf, ohne dessen Autorität zu untergraben, auch als Mensch für die Schüler begreifbarer wird. Zudem berichtete Retzlaff (2002), dass sich die Schüler seit dem Einsatz der Hunde besser untereinander vertrugen, es deutlich weniger verbale und körperliche Aggressionen gab und ein geringerer Geräuschpegel in der Klasse herrschte. Gerade für pubertierende männliche Jugendliche, die sonst ‚cool' sein müssen und ihr Bedürfnis nach körperlicher Zuneigung nur schwer zeigen können, stelle der Hund eine ‚Image-kompatible' Möglichkeit für freundliches Verhalten und positiven Körperkontakt dar. Über die bedingungslose Akzeptanz eines Hundes würden zudem Kinder mit Makeln (Übergewicht, Pickel, körperliche Beeinträchtigungen) ein Gefühl des Angenommenseins erfahren.

Retzlaff führt also eine Liste positiver Effekte auf die Anwesenheit der

Hunde im Unterricht zurück, was sich im Wesentlichen mit Berichten anderer Schulhund-Lehrkräfte deckt (z. B. Agsten 2009; Vanek-Gullner 2002a, 2002b; Internetforum www.schulhundweb.de).

6.2 Studien zu Effekten von Schulhunden

Erfahrungen sind wertvoll, und in der Pädagogik ist es nicht unüblich, dass sich Ansätze und Konzepte, die sinnvoll erscheinen, auch ohne objektiven Nachweis ihrer Wirksamkeit in der Praxis rasch verbreiten. Zu Recht und zunehmend werden allerdings wissenschaftliche Belege für diese Erfahrungen gefordert, nicht zuletzt weil diese für Entscheidungsträger wichtig sind, wenn es um die Finanzierung oder Genehmigung solcher Ansätze geht. Spätestens wenn Kritiker und Skeptiker solche Belege einfordern, wenden sich selbst manch weniger wissenschaftlich orientierte Praktiker an Experten und hoffen auf die Existenz von Studien, welche die subjektiven Erfahrungen anhand objektiver Daten bestätigen. Leider ist die Anzahl von Studien, die sich mit den Effekten von Hunden im schulischen Kontext befassen, zurzeit noch recht überschaubar.

Im Folgenden werden Forschungsarbeiten zu Einflüssen von Schulhunden auf Schüler vorgestellt. Danach folgt ein Überblick über weitere Studien, die sich zwar nicht direkt mit Auswirkungen von Schulhunden befassen, deren Ergebnisse aber Rückschlüsse auf die zugrunde liegenden Mechanismen zulassen. Es geht also nicht nur um den Nachweis qualitativer und quantitativer Veränderungen. Genauso wichtig ist das Wissen um die Mechanismen, die diesen Veränderungen zugrundeliegen, als kausale Erklärung für die gefundenen Effekte und als rationale Basis für die Methodenentwicklung im Bereich der Schulhunde. Denn nur wer die Ursachen bestimmter Effekte versteht und weiß, worauf er achten muss, der kann sinnvoll eingreifen, wenn es einmal nicht erwartungsgemäß funktioniert.

Wie unabhängige Beobachtungen von Schulhund-Einsätzen durch einschlägige Experten nahelegen, wirken verschiedene Einflussfaktoren den potenziell positiven Wirkungen eines Schulhundes entgegen. Dazu zählen z. B. die fehlende grundlegende Eignung des Hundes, individuelle Veränderungen des Hundes über die Jahre, zu häufiger oder langer Einsatz und eine damit verbundene erhöhte Stressbelastung des Tieres sowie ein ungünstiger persönlicher Stil der Lehrkraft (persönliche Gespräche mit L. Agsten (2011) sowie R. Simon (2011); Beobachtung der Autorin). Das Verständnis über die Wirkmechanismen von Schulhunden erlaubt daher auch eine Optimierung der Effekte, etwa durch Auswahl des Hundes, individuell angepasste Einsatzzeiten und Förderung spezieller Interaktionen, die am Bedarf des Kindes und dem gewünschten Ergebnis ausgerichtet sind.

Da die hier vorgestellten Studien die Wirkungen von Hunden aussagekräftig belegen sollen, wurden sie nach folgenden wissenschaftlich relevanten Kriterien ausgewählt:

- Sie hatten eine *Mindestanzahl von zehn Studienteilnehmern* sowie
- ein *eindeutig interpretierbares Forschungsdesign*, um beobachtete Veränderungen tatsächlich auf das anwesende Tier zurückzuführen,
- zudem wurden sie entweder in einer wissenschaftlichen Zeitschrift unter Peer-Review, also der *Begutachtung durch andere Wissenschaftler*, publiziert oder auf einem entsprechenden *Fach-Kongress* vorgestellt.

Effekte von Schulhunden auf soziale Fähigkeiten und das Sozialverhalten von Erstklässlern

In einer Studie, die durch das Institut für interdisziplinäre Erforschung der Mensch-Tier-Beziehung IEMT Österreich initiiert wurde, untersuchten Hergovich et al. (2002) die psychosozialen Auswirkungen von Hunden auf eine Klasse von 24 Erstklässlern in Wien. Nach dem ersten Halbjahr, als Lehrkraft und Schüler sich kennengelernt und sich soziale Strukturen entwickelt hatten, untersuchte man die soziale Intelligenz der Schüler und ihre Empathie gegenüber Tieren. Zudem erfasste man die ‚Feldunabhängigkeit', also die Fähigkeit, einfache Formen in komplexeren Zeichnungen oder generell bestimmte Inhalte in einem komplexen Kontext schnell zu identifizieren (Hergovich/Hörndler 1994). Dieses Maß gibt einen Hinweis auf die Fähigkeit zum analytischen Denken. Die Lehrkraft wurde gebeten, die Soziabilität, die soziale Integration und das aggressive Verhalten der Schüler zu beurteilen. Um spätere Verbesserungen in den Fähigkeiten und dem Verhalten interpretieren zu können – es könnte sich ja auch nur um entwicklungsbedingte Veränderungen handeln – erfasste man die gleichen Daten in einer Kontrollklasse von 22 Schülern, in der kein Schulhund anwesend war. Beide Klassen setzten sich aus Kindern mit verschiedenen kulturellen Hintergründen zusammen, nur drei aller 46 teilnehmenden Kinder kamen ursprünglich aus Österreich. Erst nach dieser Vor-Testung nahm die Lehrkraft der Interventionsklasse jeweils einen ihrer drei gut geeigneten, also freundlichen und gehorsamen Hunde mit in den Unterricht. So war an fünf Tagen pro Woche für die gesamte Unterrichtszeit ein Hund in der Klasse anwesend.

Nach drei Monaten untersuchte man die beiden Klassen erneut und fand in der Schulhund-Klasse im Vergleich zur Kontrollklasse eine signifikant verbesserte Empathie gegenüber Tieren und eine erhöhte Feldunabhängigkeit. Bezüglich der sozialen Intelligenz und Soziabilität gab es keine Veränderungen zwischen den Klassen. Allerdings wurde die Soziabilität über nur eine Frage mit vier Antwortmöglichkeiten erfasst, nämlich wie gut die Lehrkraft mit diesem Schüler auskam. Dabei handelt es sich offensichtlich ein sehr subjektives und grobes Maß, das u.a. von Vorlieben und vom Verhalten der Lehrkraft geprägt ist. Bezüglich der sozialen Integration der Schüler im Klassenverband, wiederum nur über eine einzige Frage an die Lehrerin beurteilt, waren die Kinder der Schulhund-Klasse besser integriert als vor dem Einsatz der Schulhunde. Eine vergleichbare Veränderung fand sich in der Kontrollklasse nicht. Vor dem Einsatz des Hundes wurden in der Schulhund-Klasse vier Kinder als aggressiv eingestuft, in der Nachtestung nur noch zwei, während es in der Kontrollgruppe mit jeweils drei aggressiven Kindern diesbezüglich keine Veränderung gab.

Hergovich et al. (2002) interpretierten ihre Ergebnisse als eine deutliche Verbesserung des sozialen Klimas in der Schulhund-Klasse. Die Hunde schienen zu einer besseren Integration der Schüler in den Klassenverband und zu einer Reduktion von aggressivem Verhalten beigetragen zu haben – und dies in einem kurzen Zeitraum von nur drei Monaten. Da die Kinder sich im ständigen Umgang mit den Hunden auf diese einstellen mussten, war die Verbesserung der Empathie gegenüber Tieren nicht erstaunlich, aber aufgrund des gemischten kulturellen Hintergrunds doch bemerkenswert. Die Kinder standen den Hunden positiv gegenüber, und 86 % der Hundeklasse gaben an, dass sie lieber in die Schule gingen, seitdem ein Hund dabei war (Monshi et al. 2001). Da Schulunlust immer häufiger zum Problem wird, ist dieser motivierende Aspekt von Schulhunden äußerst relevant.

Im gleichen Rahmen untersuchten Kotrschal und Ortbauer (2003) mögliche Verhaltensänderungen der Schüler durch die Anwesenheit der Hunde. Sie filmten die Interventionsklasse im Monat bevor die Hunde das erste Mal in den Unterricht kamen für jeweils drei Stunden pro Woche in einer offenen Unterrichtssituation und ebenso im ersten Monat mit regelmäßiger Anwesenheit der Hunde. Die Analysen der Videos zeigen, dass die Kinder in sehr unterschiedlichem Ausmaß am Kontakt mit den Hunden interessiert waren. Die 14 Jungen der Klasse schauten zwar häufiger, dafür aber kürzer zu den Hunden. Ebenso streichelten sie die Tiere etwas häufiger, aber kürzer als die zehn Mädchen. Insgesamt hatten die Jungen und Mädchen in etwa gleich viel, ca. 10 % der gefilmten Zeit, Kontakt mit den Hunden. Die Schüler verbrachten in Anwesenheit der Hunde weniger Zeit allein und mehr in Kontakt mit anderen, auch beim Bearbeiten von Aufgaben. Sie waren weniger an ihrem Platz, dafür hatten sie aber weniger verbalen und provokativen Austausch mit anderen Mitschülern. Wichtig ist sicher auch die Beobachtung, dass die Kinder der Lehrerin mehr Aufmerksamkeit schenkten, wenn die Hunde anwesend waren. Auch traten alle Formen und Ausprägungen aggressiven Verhaltens deutlich seltener auf. Generell waren die Verhaltensänderungen bei beiden Geschlechtern zu finden, jedoch ausgeprägter bei den Jungen als bei den Mädchen. Vor allem extremes Verhalten von Jungen wurde abgemildert.

Die Ergebnisse der Gesamtstudie (Hergovich et al. 2002; Kotrschal/Ortbauer 2003) legen nahe, dass Hunde sich positiv auf das Klassenklima, die Integration der Schüler in die Klassengemeinschaft, auf das Sozialverhalten sowie allgemeine Lernvoraussetzungen, wie z.B. Aufmerksamkeit gegenüber der Lehrkraft, auswirken können. Diese Befunde sind vor dem Hintergrund des kurzen Zeitraums von drei Monaten, in dem die Hunde anwesend waren, bemerkenswert. In der Wissenschaft ist man jedoch immer vorsichtig mit dem Verallgemeinern von Einsichten aus begrenzten Studien, im gegebenen Fall etwa die Ergebnisse an Erstklässlern auf andere Altersstufen, andere Lehrkräfte mit anderen Hunden und einen weniger intensiven Einsatz der Hunde zu übertragen.

Sozio-emotionale Effekte eines Schulhundes in einer dritten Grundschulklasse

Auf der Basis dieser ersten Erkenntnisse aus Österreich und einer wachsenden Anzahl von Lehrern, die seitdem mit Schulhunden arbeiten, wurde eine Studie an einer dritten Klasse einer Grundschule und ihrer Parallelklasse in Deutschland durchgeführt (Beetz 2013a). In der Schulhund-Klasse war eine Hündin für nur einen Tag pro Woche anwesend. Die Kinder wurden zu Schuljahresbeginn, bevor der Hund in der Klasse eingeführt wurde, und drei Wochen vor Schuljahresende befragt. Hierbei wurden die folgenden Faktoren erfasst: Depressivität, Einstellung zur Schule, Lernfreude, Anstrengungsbereitschaft, Angenommensein, soziale Integration, Klassenklima, Selbstkonzept und Strategien zur Regulation negativer Emotionen.

Die 26 Schüler der Schulhund-Klasse zeigten im Vergleich zu den 23 Schülern der Kontrollklasse am Ende des Schuljahres signifikante Verbesserungen in den Bereichen Lernfreude und positiver Einstellung zur Schule. Auch waren die Kinder der Schulhund-Klasse besser in der Lage, negative Emotionen adäquat zu regulieren. In diesem Punkt waren sie zu Schuljahresbeginn deutlich schlechter gewesen als die Kontrollklasse, während der Unterschied bei der zweiten Testung nicht mehr bestand. In einem kurzen Interview am Ende des Schuljahres gaben alle Schüler der Schulhund-Klasse an, dass sie den Schulhund gerne – und gerne auch öfter – in der Schule hätten. Es ist beachtlich, dass sich überhaupt signifikante Verbesserungen durch nur einen Tag Anwesenheit des Hundes pro Woche zeigten. Zudem sollte bedacht werden, dass die Mehrheit der Kinder dieser normalen Grundschulklasse ohnehin kaum Auffälligkeiten in den untersuchten Bereichen aufwies, sodass auch keine nennenswerten positiven Veränderungen zu erwarten waren.

Abb. 4–5: Hunde in der Schule

Zukünftige Studien sollten in Betracht ziehen, dass der Schulhund vor allem dort messbar unterstützen kann, wo Defizite oder Extreme bei bestimmten Schülern auszugleichen sind. Doch auch für den Großteil der unauffälligen Schüler ist der Schulhund eine wunderbare Bereicherung und wirkt sich in vielen Bereichen positiv aus.

Leider erschöpft sich mit diesen beiden Studien bereits die Forschung zu direkten Effekten des regelmäßigen Einsatzes von Hunden in der Schule. Ergänzend wird im Folgenden eine Serie von Experimenten zur Anwesenheit von Hunden auf bestimmte Leistungen von Vorschulkindern vorgestellt, welche direkt auf den Schulkontext übertragbar sind.

Der Einfluss von Hunden auf die Leistungen von Vorschülern

In einem Experiment untersuchten Gee und ihre Kollegen (2007), wie sich die Anwesenheit eines Hundes auf die Ausführung einer motorischen Aufgabe bei normal und verzögert entwickelten Vorschülern auswirkt. Die Kinder führten einfache Aufgaben, wie Kriechen durch einen Tunnel, Balancieren, einen Ball werfen o.ä., einmal in Anwesenheit eines Therapiehundes und einmal ohne Hund durch. In Anwesenheit des Hundes führten die Kinder die Aufgaben schneller aus, ohne jedoch dabei an Genauigkeit einzubüßen. Einige Kinder waren sogar noch exakter bei der Aufgabenausführung.

In einer weiteren Studie untersuchten Gee et al. (2009), wie gut sich Kinder mit und ohne Sprachprobleme an Instruktionen während einer Imitationsaufgabe hielten. Imitiert werden sollte entweder ein Therapiehund, ein Stoffhund oder ein freundlicher Erwachsener, der die motorischen Aufgaben vormachte. Es gab verschiedene Arten der Imitation: Nachahmung, gleichzeitige Ausführung und Ausführung im zeitlichen Wettstreit. Nur bei den Nachahmungsaufgaben fanden sich signifikante Unterschiede. Im Vergleich zum Stoffhund und zum Menschen benötigten die Kinder beim Nachahmen des Hundes deutlich weniger Anleitung und Hilfe. In ähnlicher Weise erledigten Vorschüler auch eine Gedächtnisaufgabe konzentrierter, d.h. sie brauchten weniger Hilfestellungen in der Anwesenheit des Hundes im Vergleich zur Anwesenheit des Menschen oder Stoffhundes (Gee et al. 2010b). Bei einer Aufgabe, in der Kinder Bilder von Gegenständen anderen passend zuordnen sollten, machten Vorschüler in Anwesenheit eines Hundes ebenfalls weniger Fehler, d.h. irrelevante Zuordnungen, als im Beisein eines anderen Menschen oder eines Stoffhundes (Gee et al. 2010a).

Gee und Kollegen interpretierten ihre Befunde (2007, 2009 und 2010 a/b) so, dass der Hund zum einen die Kinder motivierte, aber zum anderen auch ihre Konzentration förderte, möglicherweise weil er zur Entspannung und zur Reduktion von Stress während der Aufgabe beitrug.

Dass Hunde eine motivationssteigernde Wirkung haben, wurde auch in anderen Kontexten bestätigt. Allgemein scheinen Hunde Kinder intrinsisch zu den Aufgaben zu motivieren, bei denen sie dabei sind, während ohne Hund eher extrinsische Motivation zum Tragen kommt, z.B. bei Aufgaben, bei denen von anderen gesetzte Ziele vorrangig sind, anstatt einfach nur Spaß an der jeweiligen Aktivität zu haben (Wohlfarth et al. 2013).

Hunde unterstützen die Konzentrationsfähigkeit

Hediger und Turner (2014) untersuchten, wie sich die Anwesenheit eines echten Hundes, im Vergleich zum Roboter-hund AIBO (Sony) auf die Konzentrationsfähigkeit von Kindern im Alter von 10–14 Jahren auswirkt. Zudem maßen sie indirekt die Aktivität des Stirnhirns (präfrontaler Kortex, s. Exekutive Funktionen) als biologisches Korrelat für die Aufmerksamkeit. Es zeigte sich, dass die Kinder in Anwesenheit des echten Hundes länger eine hohe Aktivität im Stirnhirn über die verschiedenen Konzentrationstests hinweg halten konnten und insgesamt höhere Werte für die Aufmerksamkeit in Anwesenheit des Hundes erreichten.

Hunde helfen Kindern beim Lesenlernen

Heute werden Hunde auch in der Leseförderung für leseschwache Kinder und Jugendliche eingesetzt. Entweder liest hierbei einfach ein Kind einem Hund in einer ruhigen Ecke vor und übt dabei die Leseflüssigkeit, oder der Hund wird in eine strukturierte Leseförderung, durchgeführt von einer Lehrkraft, integriert (Beetz/Heyer 2014). Verschiedene Studien (s. Heyer/Beetz 2014, Wohlfarth et al. 2014) belegen inzwischen, dass sich mit Hund im Vergleich zu Lesesituationen ohne Hund die Leseleistungen eindeutig mehr verbessern und längerfristig angelegte Leseförderprogramme sogar das Selbstkonzept als Leser und die Lesemotivation nachhaltig fördern können (Beetz 2013b, Heyer/Beetz 2014).

FAZIT

Der Vielzahl der sehr positiven, aber subjektiven Berichte von Lehrkräften, die mit Schulhund arbeiten, steht derzeit noch eine eher magere objektive Datenlage aus wenigen Forschungsprojekten gegenüber. Daher bedürfen diese Ergebnisse der Absicherung durch Replikation, und es sollten Kinder anderer Altersstufen untersucht werden, bevor die in Folge zusammengefassten Ergebnisse als gegeben angenommen werden können:

Effekte von Hunden in der Schule:

- Steigerung der Empathie gegenüber Tieren
- Steigerung der Feldunabhängigkeit (als Grundlage analytischen Denkens)
- verbesserte Integration in den Klassenverband
- Reduktion von aggressivem Verhalten, v.a. bei Jungen
- Verbesserung des Klassenklimas
- gesteigerte Aufmerksamkeit gegenüber der Lehrkraft

- Steigerung der Lernfreude
- Verbesserung der Einstellung gegenüber der Schule, weniger Schulunlust
- Verbesserung in der Nutzung adaptiver Strategien zur Regulation negativer Emotionen
- gesteigerte Konzentration und Motivation

In Zukunft wären insbesondere aussagekräftige Studien zu Effekten von Schulhunden auf Kinder mit sonderpädagogischem Förderbedarf wichtig. Wenn schon bei an sich unauffälligen Kindern so positive Auswirkungen zu beobachten sind, scheint das Potenzial eines Schulhundes im sonderpädagogischen schulischen Umfeld umso größer.

Zum Weiterlesen

Beetz, A. und Heyer, M. (2014). Leseförderung mit Hund. München: Reinhardt.

Hergovich, A., Monshi, B., Semmler, G. and Zieglmayer, V. (2002). The Effects of the Presence of a Dog in the Classroom. Anthrozoös, 15 (1), 37–50.

Kotrschal, K. and Ortbauer, B. (2003). Behavioral Effects of the Presence of a Dog in a Classroom. Anthrozoös, 16 (2), 147–159.

Vanek-Gullner, A. (2002). Das Projekt „Tiergestützte Heilpädagogik" cder: Die heilende Kraft der Begegnung von Mensch zu Mensch über die Begegnung von Mensch zu Tier. Erziehung und Unterricht, 5–6, 632–639.

7 Positive Wirkungen von Tieren auf Menschen

Zusammenfassung

Neben den wenigen zitierten Studien zum Hund in der Schule existiert eine Reihe von Untersuchungen zu positiven Effekten von Hunden und Tieren außerhalb des schulischen Umfelds, die wichtige Einblicke in die vielfältigen Wirkungen von Hunden auf Menschen gewähren. Positive Wirkungen von Tieren auf Menschen wurden in Bezug auf Heimtierhaltung sowie tiergestützte Interventionen untersucht. Die Gesamtschau dieser Ergebnisse zeigt, dass die Anwesenheit von Tieren und insbesondere der aktive Kontakt mit ihnen die allgemeine Gesundheit, Stimmung, soziale Interaktionen, Entspannung und das Wohlbefinden, aber vor allem psychologische und physiologische Anzeichen von Stress günstig beeinflusst.

Erfreulicherweise gibt es eine doch erhebliche Anzahl von Studien zur positiven Wirkung von Tieren auf Menschen, welche die wissenschaftlichen Kriterien erfüllen und gut interpretierbar sind (Übersichten in Beetz et al. 2012; Julius et al. 2012). Sinnvoll erscheint eine Gruppierung der Studien nach gefundenen Effekten: Zuerst werden die globalen Effekte auf Gesundheit, dann die spezifischen Wirkungen von Tieren auf psychische, soziale und physiologische Faktoren dargestellt. Dabei kann in diesem Rahmen nur auf einzelne, für das Thema besonders relevante Studien eingegangen werden.

7.1 Gesundheitsfördernde Wirkungen von Heimtieren

Leider lässt sich eine Vielzahl von Studien, welche die Gesundheit von Heimtierbesitzern und Nicht-Heimtierbesitzern vergleichen, kaum eindeutig interpretieren (z.B. Garrity et al. 1989; Raina et al. 1999; Siegel 1990; Stallones et al. 1990). Sie belegten zwar, dass Tierbesitzer, v.a. Hundebesitzer, etwas gesünder sind als Nicht-Tierbesitzer, aber es ist natürlich gut möglich, dass sich gesündere Menschen auch eher ein Heimtier anschaffen als weniger gesunde. Möglicherweise pflegen potenzielle Heimtierbesitzer auch generell einen gesünderen Lebensstil als Menschen, die nicht in Betracht ziehen, mit einem Tier zu leben. Daher kann aus den Ergebnissen dieser Studien nicht abgeleitet werden, dass Tiere einen positiven Einfluss auf die menschliche Gesundheit haben.

In den groß angelegten Studien von Headey et al. (1999, 2007, 2008) dagegen wurden mehrere tausende Teilnehmer zweimal im Abstand von einigen Jahren befragt und viele der möglichen Einflussfaktoren auf Gesundheit wurden statistisch kontrolliert. Die Daten zeigten, dass erwachsene Hunde- und Katzenbesitzer in Australien seltener zum Arzt gingen und weniger Medikamente gegen Schlafprobleme einnahmen als Nicht-Tierbesitzer (Headey 1999). Weibliche erwachsene Hundebesitzer bewegten sich mehr, schliefen besser, waren fitter und gesünder und fehlten weniger Tage krankheitsbedingt in der Arbeit und gingen seltener zum Arzt (Headey et al. 2008). Und in Deutschland und Australien waren die Personen, welche über mehrere Jahre hinweg ein Heimtier hatten, gesünder als diejenigen, die ihr Tier zwischen den beiden Befragungen durch die Wissenschaftler verloren oder nie eines besessen hatten. Die Tierbesitzer machten insgesamt 15 % weniger Arztbesuche. Heimtiere, speziell Hunde, wirken sich vor allem auch positiv auf das Herz-Kreislaufsystem aus (Giaquinto/Valentini 2009; Headey 1999). So war die Überlebensrate von Patienten mit Herzinfarkt nach einem Jahr höher bei den Hundebesitzern, nicht aber bei den Katzenbesitzern, im Vergleich zu den Nicht-Tierbesitzern (Friedmann/Thomas 1998). Insgesamt zeigt die Studienlage, dass sich Heimtiere, vor allem Hunde, positiv auf die Gesundheit des Menschen auswirken können (Beetz et al. 2012; Julius et al. 2012; Nimer/Lundahl 2007; Wells 2007, 2009).

7.2 Förderung der sozialen Interaktion

Tiere sind soziale Katalysatoren, d.h. nicht nur der Kontakt mit dem Tier selbst gestaltet sich einfach, sondern in ihrer Anwesenheit ist auch die Schwelle zur Kontaktaufnahme mit anderen Menschen niedriger. Hundebesitzer kennen dieses Phänomen. Geht eine Person allein spazieren, spricht sie niemand an, und wenn doch, dann wirkt das meist eher befremdlich. Ist die Person mit dem Hund unterwegs, wird sie freundlich gegrüßt, Fremde reden erst einmal mit dem Hund und oft entwickelt sich ein kurzes Gespräch zwischen den Personen. Diese Erkenntnis aus der Alltagserfahrung ist heute auch wissenschaftlich belegt.

Der Initiierung einer sozialen Interaktion liegt meist eine gewisse Sympathie für den möglichen Gesprächspartner zugrunde. Schon hier setzt die Wirkung von Tieren an – Menschen werden in der Gegenwart von freundlich aussehenden Tieren positiver wahrgenommen und das Tier als ‚Eisbrecher' baut Hemmungen ab, die einer Interaktion im Wege stehen.

Bereits 1987 stellten Hart et al. fest, dass Personen im Rollstuhl häufiger angelächelt und gegrüßt werden, wenn sie einen Assistenz-Hund dabei haben. Dass dabei das Aussehen bzw. die Rasse des Hundes durchaus eine Rolle spielt, zeigte eine Beobachtungsstudie von Wells (2004). In der Öffentlichkeit wurden die Reaktionen von 1800 Fremden auf eine Studentin in sechs verschiedenen Situationen erfasst: in Begleitung eines Labrador-Welpen, eines erwachsenen Labradors, eines Rottweilers, einer Pflanze, eines Teddy-Bären oder allein. Am häufigsten wurde die Person allein sowie mit Pflanze und Teddy ignoriert. Die meisten positiven Reaktionen, wie Anlächeln oder Grüßen, erhielt die Studentin in Begleitung des Labrador-Welpen, gefolgt vom erwachsenen Labrador. Der Rottweiler führte im Vergleich zu deutlich weniger positiven Reaktionen, aber immer noch mehr positiver Aufmerksamkeit als die Studentin alleine. Gerade bei Kindern mit Problemen in der sozialen Interaktion, z.B. bei Autismus, führt die Anwesenheit eines Hundes zu mehr Aufmerksamkeit für das soziale Umfeld, vermehrtem Sprachgebrauch und zu mehr Interaktion mit anderen Personen (Martin/Farnum 2002; Prothmann et al. 2009; Sams et al. 2006). Unauffällige Kinder, deren Familien sich einen Hund zulegen, werden häufiger von Freunden besucht, und die Familien unternehmen mehr zusammen (Paul/Serpell 1996). Ebenso günstig wirken sich Tiere aber auch auf die sozialen Interaktionen von Erwachsenen und älteren Personen mit und ohne psychiatrische Auffälligkeiten aus (Fick 1993; Haughie et al. 1992; Kramer et al. 2009; Marr et al. 2000; Villalta-Gil et al. 2009).

Dass aus dem erleichterten Erstkontakt und der sozialen Interaktion mehr entstehen kann, zeigte eine Studie von Wesley et al. (2009): Die therapeutische Allianz mit dem Psychotherapeuten war nach 26 Sitzungen stärker ausgeprägt, wenn ein Tier in der Therapie anwesend war. Tiere fördern also zum einen eine positivere Wahrnehmung der begleiteten Person und mehr Aufmerksamkeit ihr gegenüber, zum anderen aber auch die Kommunikation und Interaktion zwischen den anwesenden Personen. Übertragen auf die Schule haben Tiere das Potenzial, positiven sozialen Austausch zwischen den Schülern, aber auch zwischen Lehrkraft und Schülern zu fördern, was erste Studien bereits demonstriert haben (s. Hergovich et al. 2002; Kotrschal/Ortbauer 2003). Die Schüler schenkten der Lehrerin mehr Aufmerksamkeit und arbeiteten eher miteinander. Damit können Tiere zum Aufbau einer guten Lehrer-Schüler-Beziehung beitragen, welche eine der wichtigsten Grundvoraussetzungen für erfolgreiches Unterrichten und Erziehung darstellt (Pianta et al. 2002).

7.3 Förderung des Vertrauens

Hunde unterstützen den Aufbau einer guten Lehrer-Schüler-Beziehung wohl auch insofern, als Personen, die von einem Hund begleitet werden, mehr Vertrauen entgegengebracht wird. Menschen halfen einem Fremden in Begleitung eines netten Hundes eher, als wenn er allein unterwegs war (Gueguen/Ciccotti 2008). Zudem gaben Frauen fremden Männern, wenn jene in Begleitung eines Hundes waren, eher ihre Telefonnummer. Die Anwesenheit des Tieres trug in dieser Studie also anscheinend dazu bei, dass der Person mehr Vertrauen entgegengebracht wurde.

Schneider und Harley (2006) zeigten Studenten Videos von zwei verschiedenen Psychotherapeuten, welche jeweils einmal mit und einmal ohne Hund gefilmt worden waren. Im Beisein des Hundes wurden die Therapeuten als vertrauenswürdiger eingeschätzt. Insbesondere Studenten, die generell eine recht negative Einstellung gegenüber Psychotherapeuten hatten, gaben an, dass sie dem Therapeuten mit Hund mehr persönliche Informationen anvertrauen würden und erwarteten, zufriedener mit seiner Therapie zu sein. Der Hund führte also bei den negativ eingestellten Personen zu einem Vertrauensvorschuss gegenüber dem Therapeuten.

Eine zugegebenermaßen noch sehr geringe Anzahl von Studien weist auf einen positiven Effekt von Hunden auf das Vertrauen Fremder gegenüber der vom Hund begleiteten Person hin. In der Schule, insbesondere in sonderpädagogischen Einrichtungen und bei Schülern mit negativen Erfahrungen und Erwartungen gegenüber Lehrern, kann ein Hund jedoch sicher dazu beitragen, dass einer neuen Lehrkraft spontan mehr Vertrauen entgegengebracht wird.

7.4 Hunde als Stimmungsaufheller

Hunde in der Schule machen Lust auf Lernen, wohl auch weil sie die Stimmung von Menschen positiv beeinflussen können. Generell sind Tiere bei depressiv gestimmten Menschen besonders hilfreich (Souter/Miller 2007). So wurden die meisten Studien, die einen stimmungsaufhellenden Effekt von Tieren belegen, an älteren oder kranken Menschen in Heimen durchgeführt (Banks/Banks 2002, 2005; Colombo et al. 2006; Crowley-Robinson et al. 1996; Holcomb et al. 1997; Jessen et al. 1996; Nathans-Barel et al. 2005).

Allerdings verbessert Tierkontakt auch die Stimmung von Kindern in einer Psychotherapie (Kaminski et al. 2002; Prothmann et al. 2006). Während sowohl Spieltherapie als auch tiergestützte Therapie eine depressive Stimmung milderte, zeigten mir die Kinder nur in der Therapie mit Tieren auch offen positive Affekte, d. h. sie lächelten, lachten und waren gut gelaunt (Kaminski et al. 2002).

Abb. 6: Tiere fördern eine positive Stimmung und machen Spaß

7.5 Die beruhigende Wirkung von Tieren

Schulhund-Lehrer berichten, dass Kinder, die vor der Klasse eine Aufgabe lösen müssen und dabei sonst recht nervös sind, ruhiger sind, wenn der Schulhund dabei ist. Dass Tiere tatsächlich Ängste reduzieren und Ruhe fördern können, zeigten mehrere Studien. Hierbei ist zu unterscheiden, ob der Effekt in einer Situation beobachtet wurde, die Stress und Angst auslöst, oder in einem eher entspannten Umfeld. In Letzterem (Straatman et al. 1997; Wilson 1991) ist es deutlich schwerer, beruhigende und angstlösende Wirkungen nachzuweisen, denn wenn keine akute Aufregung und Angst vorhanden ist, wieso sollte das Tier dann beruhigend wirken?

Dennoch zeigen auch einige solche Studien, dass z. B. der Besuch eines Menschen mit Hund bei Patienten, die wegen eines Herzinfarkts im Krankenhaus lagen, Angst mehr reduziert als ein Besuch eines freundlichen Menschen allein (Cole et al. 2007). Bewohner eines Seniorenheims wurden durch einen Besuch mit einem Hund ruhiger, entspannter und orientierter als durch einen Besuch eines Menschen ohne Hund (Crowley-Robinson et al. 1996).

Die folgenden Studien untersuchten den beruhigenden und angstlösenden Effekt von Tieren vor oder nach einem Stressor. So präsentierten Shiloh et al. (2003) den Teilnehmern zuerst eine Tarantel und sagten, dass sie später gebeten würden, diese in der Hand zu halten. Bei den meisten Menschen löst diese Erwartung Stress und zumindest etwas Angst aus. Im Anschluss sollten die Teilnehmer, je nach Versuchsbedingung, entweder ein Kaninchen, eine Schildkröte, ein Stoffkaninchen oder eine Spielzeugschildkröte streicheln oder einfach ruhig dasitzen. Nach Selbstauskunft der Teilnehmer auf einer Angstskala reduzierte das Streicheln eines lebenden Tieres die Angst signifikant. Da dies nicht bei den Spielzeugtieren der Fall war, kann es nicht an der physischen Aktivität und der Empfindung beim Streicheln allein gelegen haben. Ebenso milderte eine 15-minütige Interaktion mit einem lebenden Tier bei Patienten, die auf eine Elektrokrampftherapie-Sitzung warteten, die Angst vor der Prozedur bis zu 37 %, deutlich mehr als das Lesen von Magazinen (Barker et al. 2003). Jungen, die man durch einen Vortrag und Kopfrechnen vor fremden Erwachsenen unter Stress gesetzt hatte, fühlten sich nach einer anschließenden Ruhephase deutlich entspannter, wenn ein Hund anwesend war, nicht aber wenn ein freundlicher Erwachsener oder Stoffhund anwesend waren (Beetz et al. 2011).

Insgesamt gibt es einige Belege dafür, dass die Interaktion mit Tieren bei Menschen Angst reduzieren und sie beruhigen kann. Dies bezieht sich nicht nur auf die subjektive Empfindung der Personen, erhoben über psychologische Fragebögen, sondern wurde ebenso anhand von objektiven, physiologischen Messdaten nachgewiesen.

7.6 Die stressreduzierende Wirkung von Tieren

Menschen, ebenso wie andere Säugetiere, reagieren auf Stressoren mit der Aktivierung körpereigener Stresssysteme, um den Körper auf eine Kampf-oder-Flucht-Reaktion vorzubereiten oder generell, um Energie für entsprechende Reaktionen bereitzustellen. Stressoren können vielfältiger Natur sein: psychische oder physische Bedrohung, Überforderung, aber auch schon hohe Anforderungen oder Krankheit und Verletzungen.

EXKURS

Die zwei Stress-Achsen bei Säugetieren

Üblicherweise werden zwei Stress-Achsen unterschieden: die Hypothalamus-Hypophysen-Nebennierenrinden-Achse und das autonome Nervensystem, genauer der Sympathikus und seine Verbindungen zur Nebennierenrinde (die sympathoadrenerge Stress-Achse). Die Reaktionen dieser Stresssysteme können einerseits über Herzfrequenz, Blutdruck und periphere Hauttemperatur, z. B. an den Fingern, erfasst werden, oder über die Veränderung endokriner Parameter, d. h. der Hormone und Neurotransmitter Kortisol, Adrenalin und Noradrenalin. In Abwesenheit von Stressoren wird eine geringere Aktivierung der Stresssysteme auch als Entspannung interpretiert. Je niedriger Herzfrequenz und Blutdruck sind und je höher die Fingertemperatur ist, desto entspannter ist eine Person. Je höher die Spiegel von Kortisol, Adrenalin und Noradrenalin, desto höher ist der physiologische Stress.

Kontakte mit Tieren reduzieren Herzfrequenz und Blutdruck

Zur Wirkung von Tieren auf Herzfrequenz und Blutdruck des Menschen gibt es wohl die meisten aussagekräftigen Studien im Bereich der Mensch-Tier-Forschung.

Schon 1983 untersuchten Friedmann et al. den Effekt der Anwesenheit eines unbekannten Hundes auf Kinder, die entweder lasen oder sich ausruh-

ten. War der Hund von Beginn der Versuchssituation an anwesend, so war der Blutdruck der Kinder deutlich niedriger, als wenn der Hund erst nach der Hälfte der Zeit dazukam. Grossberg und Alf (1985) zeigten, dass das Streicheln eines Hundes den Blutdruck von Studenten mehr reduzierte als sich nett zu unterhalten oder zu lesen. Je positiver die Einstellung gegenüber Tieren, desto ausgeprägter war der Effekt. Ebenso reduzierte ein direkter Kontakt mit dem Hund über Streicheln wesentlich effektiver Blutdruck und Herzfrequenz als das Reden mit einem Hund, welches aber immerhin noch mehr beruhigte als das Reden mit einer anderen Person (Vormbrock/Grossberg 1988). Sowohl Kinder als auch Erwachsene, die im Krankenhaus behandelt wurden, profitierten von der Interaktion mit Tieren im Sinne einer deutlich reduzierten Herzfrequenz bzw. einem niedrigeren Blutdruck. Dieser Entspannungseffekt war deutlich stärker im Kontakt zu Tieren als im Kontakt zu Menschen (Cole et al. 2007; Kaminski et al. 2002).
Motooka und Kollegen (2006) untersuchten die entspannende Wirkung von Hunden an gesunden älteren Erwachsenen. Hierbei wurde die Herzratenvariabilität als Indikator für die Aktivierung des autonomen Nervensystems herangezogen – höhere Variabilität wird im Sinne größerer Entspannung interpretiert. Einmal gingen die Teilnehmer mit einem unbekannten Hund, einmal allein für 30 Minuten spazieren. In Begleitung des Hundes war die Herzratenvariabilität dabei signifikant höher. Dies beweist, was viele Hundebesitzer aus eigener Erfahrung wissen: Spazierengehen mit einem Hund – zumindest wenn er gehorsam und verträglich ist – entspannt deutlich mehr als alleine spazieren zu gehen.

Während die oben beschriebenen Studien zur Entspannung durch Hunde mit unbekannten, aber freundlichen, ruhigen und gut ausgebildeten Hunden arbeiteten, untersuchten Handlin et al. (2011) Besitzerinnen und ihre eigenen Hunde. Nur drei Minuten Streicheln des eigenen Hundes führte bei den Frauen zu einer noch 55 Minuten später deutlich reduzierten Herzfrequenz.

Wirklich stressreduzierende Effekte von Tieren auf Menschen können nur untersucht werden, wenn bei den Teilnehmern zuvor Stress ausgelöst wird – selbstverständlich in einem vertretbaren Ausmaß und mit Genehmigung der Ethikkommissionen der entsprechenden Forschungseinrichtung. Oder man nutzt, wie Nagengast et al. (1997), ohnehin notwendige, aber mit Stress verbundene Situationen, wie z.B. eine körperliche Untersuchung beim Kinderarzt. Kinder im Alter von drei bis sechs Jahren wurden einmal in Anwesenheit eines unbekannten Hundes und einmal ohne Hund im Raum dieser Untersuchung unterzogen. Herzfrequenz und Blutdruck sanken stärker ab, wenn der Hund dabei war. Während in einer ähnlichen Studie von

Hansen et al. (1999) mit zwei- bis sechsjährigen Kindern keine signifikanten Unterschiede in den physiologischen Parametern zu finden waren, zeigten die Kinder jedoch deutlich weniger Stress im Verhalten, wenn ein Hund bei der Untersuchung anwesend war.

Hunde unterstützten auch effektiv bei einer zahnärztlichen Untersuchung, aber nur Kinder, die deswegen besonders aufgeregt waren. Bei diesen Kindern im Alter von sieben bis zehn Jahren sank die periphere Hauttemperatur während der Untersuchung weniger ab (d. h. die Finger blieben wärmer), wenn ein Hund dabei war (Havener et al. 2001).

Besonders aufschlussreich im Hinblick auf die besonderen stressreduzierenden Fähigkeiten von Heimtieren im Vergleich zu Menschen sind die Befunde von Allen et al. (1991). In einem Experiment wurden Frauen gebeten, mathematische Aufgaben zu lösen, einmal allein, einmal im Beisein einer Freundin oder eines Freundes und einmal im Beisein ihres Heimtieres. Die Anwesenheit des Heimtieres führte zu deutlich geringerem Puls und niedrigerem Blutdruck als die Anwesenheit einer befreundeten Person oder allein die Aufgabe ausführen zu müssen.

In einer weiteren Studie zeigten Tierbesitzer eine geringer ausgeprägte Stressreaktion in der Anwesenheit ihres Heimtieres als Nicht-Tierbesitzer in der Anwesenheit ihres Freundes (Allen et al. 2002). Diesmal mussten die Teilnehmer eine mathematische Aufgabe lösen und ihre Hand für zwei Minuten in Eiswasser tauchen. Im Beisein des eigenen Heimtieres waren Herzfrequenz und Blutdruck vor dem Stressor niedriger, stiegen weniger während des Stressors an und sanken auch im Anschluss schneller wieder. Erstaunlich war zudem, dass die Anwesenheit des Heimtieres bei den Tierbesitzern den Stress deutlicher reduzierte als der eigene Ehepartner.

Das Fazit aus den vorgestellten Studien ist, dass sowohl die Anwesenheit des eigenen Heimtiers als auch eines unbekannten Hundes Stressreaktionen, gemessen über die Veränderung von Herzfrequenz, Blutdruck und peripherer Durchblutung (Hauttemperatur), in Reaktion auf einen Stressor abmildern kann. Außerdem tragen Tiere in Abwesenheit von Stress zur physiologischen Entspannung bei.

Der Einfluss von Tieren auf die Stressparameter Kortisol, Adrenalin und Noradrenalin

In den letzten Jahren wurden verstärkt endokrine Indikatoren von Stress im Rahmen der Mensch-Tier-Forschung herangezogen. So zeigte Odendaal (2000), dass die freundliche Interaktion mit dem eigenen Hund, vor allem

Streicheln, den Kortisolspiegel im Blut stärker senkte als das Streicheln eines fremden Hundes oder das Lesen eines Buches. Aber auch das Streicheln des unbekannten Hundes hatte einen deutlich stressreduzierenden Effekt.

Barker et al. (2005) untersuchten, wie sich fünf oder 20 Minuten Interaktion mit einem Therapiehund im Vergleich zu 20 Minuten Ausruhen auf die Stresshormone von jungen Erwachsenen auswirkten. Der Kortisolspiegel im Blut (Plasma-Kortisol) und im Speichel war durch den Hund deutlich reduziert. Auch bei Kindern mit Autismus trug die Anschaffung eines Familienhundes zur Senkung des Stresspegels bei, gemessen als Änderung des Kortisol-Spiegels morgens nach dem Aufwachen (Viau et al. 2010).

Ein Herzinfarkt und der folgende Krankenhausaufenthalt stellen natürliche Stressoren dar. Hier wirkte sich der Besuch eines netten Menschen mit Hund ebenfalls günstiger auf die Stressparameter Adrenalin und Noradrenalin aus als der Besuch eines netten Menschen ohne Hund (Cole et al. 2007).

Näher am schulischen Kontext ist eine Untersuchung von Beetz et al. (2011) an Jungen im Alter von sieben bis zwölf Jahren aus Grundschulen und Schulen für Kinder mit Lernproblemen und emotionalen Störungen und Verhaltensstörungen. Die Kinder wurden gebeten, vor einem Gremium aus zwei unbekannten Erwachsenen eine Geschichte möglichst spannend weiterzuerzählen. Zur Vorbereitung hatten sie fünf Minuten Zeit. Nach dem Erzählen musste außerdem eine mathematische Aufgabe unter Zeitdruck gelöst werden. Diese Prozedur ist als ‚Trier-Sozial-Stress-Test' (TSST, Kirschbaum et al. 1993) bekannt und führt zu einer vorhersagbaren Erhöhung des Kortisolspiegels bei den Probanden. Eine Gruppe der Schüler hatte während des Tests einen echten Hund dabei, eine zweite Gruppe einen Stoffhund und eine dritte eine freundliche Studentin. Mit diesen sozialen Unterstützern durften die Studienteilnehmer vor, während und in der halben Stunde nach der Aufgabe frei interagieren. Die von einem echten Hund unterstützten Kinder zeigten eine deutlich abgemilderte Stressreaktion im Vergleich zur Gruppe mit Studentin oder Stoffhund, gemessen über Speichelkortisol zu fünf Zeitpunkten über den Verlauf der Testsitzung. Sie erholten sich auch schneller nach dem eigentlichen Test. Je mehr die Schüler den Hund gestreichelt hatten, desto geringer war ihre physiologische Stressreaktion. Eine Besonderheit der untersuchten Kinder war, dass solche mit einer unsicher-vermeidenden oder desorganisierten Bindung zu den Eltern für die Studie ausgesucht worden waren (→ Kap. 10.2).

FAZIT

Die vorgestellten Studien zeigen, dass die Anwesenheit eines Hundes, vor allem aber die positive Interaktion und das Streicheln, den Kortisolspiegel bei Erwachsenen sowie Kindern deutlich senken können. Heimtiere, speziell Hunde, können Stressreaktionen beim Menschen mildern. Obwohl dieser Effekt auch mit einem unbekannten Hund erzielt werden kann, ist sein Ausmaß bei der Interaktion mit dem eigenen Hund größer. Das eigene Heimtier kann bei seinem Besitzer Stress teils effektiver reduzieren als ein Freund oder sogar der eigene Partner.

8 Die Bedeutung der wissenschaftlichen Befunde für den Einsatz von Schulhunden

Zusammenfassung

Was bedeuten die Befunde zu positiven Effekten von Tieren auf Menschen nun für den pädagogischen Kontext? Wieso sind sie relevant? Gerade die Reduktion von Stress über das Tier ermöglicht Kindern, die im Unterricht oder bei Prüfungen angespannt sind, etwas entspannter zu sein. Das ist wichtig, da die Freiheit von Stress- und Angst eine Voraussetzung für optimales Lernen und kognitive Leistungsfähigkeit darstellt. Zudem unterstützen Hunde als soziale Katalysatoren die Sozialbeziehungen in der Klasse und können so zu einem guten Lernumfeld und insbesondere einer guten Lehrer-Schüler-Beziehung beitragen.

Tiere können nach heutigem Stand der Forschung die Gesundheit bei ihren Besitzern verbessern, physiologischen und psychischen Stress und Angst reduzieren, Ruhe fördern, die Stimmung aufhellen und Menschen in ihrer Begleitung zu mehr positiver Aufmerksamkeit, Vertrauen ihnen gegenüber und mehr sozialer Interaktion verhelfen. All diese Effekte sind in der Schule – im Hinblick auf die Schüler, aber auch auf die Lehrkraft – hoch relevant und werden daher im Folgenden detaillierter in Bezug zur pädagogischen Praxis diskutiert. Zu diesem Zweck wird eine Übertragbarkeit der Befunde, die zum Großteil auf Daten von Erwachsenen in außerschulischen Kontexten beruhen, angenommen. Die folgenden Ausführungen bleiben also bis zu einem definitiven Nachweis durch zukünftige Studien spekulativ, selbst wenn eine Übertragbarkeit der allgemeinen Prinzipien wahrscheinlich ist. Eine Ausnahme bilden dabei diejenigen Studien, in denen mit Kindern in einem schulischen Kontext gearbeitet wurde (Beetz 2013a; Beetz et al. 2011; Gee et al. 2007, 2009, 2010a, 2010b; Hergovich et al. 2002; Kotrschal/Ortbauer 2003).

8.1 Stressreduktion und verbesserte Lernleistung

Kinder sollten Freude am Lernen haben und in der Schule zwar aufmerksam, aber dennoch entspannt neues Wissen aufnehmen und mit dem bereits vorhandenen vernetzen können. Dies wird auch von den neuen Ergebnissen zu den kognitiven Funktionen des Gehirns unterstützt (→ Kap. 11.1 zu Exekutiven Funktionen). Doch entspricht diese Forderung leider nicht immer der Realität, und das nicht nur in Prüfungssituationen, in denen jedes Kind mehr oder weniger aufgeregt ist. Stress und Angst behindern das Lernen und die Leistung in Prüfungssituationen bei einigen Kindern beträchtlich. Daher wird die Sinnhaftigkeit von Prüfungen zum Testen von Wissen immer wieder kontrovers diskutiert (Bauer 2008; Hüther 2006; Roth 2006; Spitzer 2006). Die Reduktion von Angst und Stress, also die Herstellung eines ruhigen, aufmerksamen Zustandes beim Schüler ist im schulischen Kontext besonders wichtig. Während viele Schüler mehr oder weniger aufmerksam und konzentriert dem Unterricht folgen und auch unter Druck Leistung erbringen können, fällt dies anderen Kindern schwer.

Leistungsanforderungen an sich sind nicht negativ zu bewerten. Leistung zu erbringen und sich anzustrengen kann vielmehr zu einem guten Gefühl führen, wenn der Person entsprechende Ressourcen zur Verfügung stehen und sie der Meinung ist, dass die Aufgabe für sie lösbar, das Ziel also erreichbar ist. Das erfordert zwar Anstrengung, fällt aber im Allgemeinen in die Kategorie ‚kontrollierbarer Stress' (Bauer 2008, 38). Fühlt sich die Person jedoch von einer Aufgabenstellung oder einem Stoff überfordert, entwickeln sich Stress und Angst, die wiederum Leistung und Lernen sowie die Fähigkeit zur Selbstmotivation und Regulation (→ Kap. 11.1) behindern. Es entsteht ein Teufelskreis. Die Reduktion von Stress und Angst und die Förderung von Ruhe und Entspannung, welche nachgewiesenermaßen durch den Kontakt mit einem Hund möglich sind, können diesen Teufelskreis durchbrechen. Dann sind Lernen und Leistung wieder möglich.

Dabei hilft ein netter Hund einem gestressten Schüler möglicherweise besser als freundliche Mitschüler und die Lehrkraft, wenn sie sich um ähnliche Effekte bemühen (Beetz et al. 2011; Beetz et al. 2012; Allen et al. 2002). Zu erklären ist dies zum Teil darüber, dass Körperkontakt durch Streicheln besonders effektiv Stress reduziert (Beetz et al. 2011). Körperkontakt ist jedoch in der zwischenmenschlichen Interaktion in der Schule nur selten zu finden. Ob ein Hund oder ein Mensch effektiver Stress bei Schülern reduzieren kann, hängt vor allem auch von den sozialen Vorerfahrungen der Kinder mit ihren primären Bezugspersonen ab (→ Kap. 10). Für den Einsatz des Schulhundes bedeutet dies, dass er generell bei allen Schülern – und wohl auch bei der Lehrkraft – zu einem entspannten, angstfreien Zustand beitragen kann. So wären die Befunde zu mehr Freude an der Schule und am Lernen zu erklären (Beetz 2013a; Hergovich et al. 2002; Monshi et al. 2001), ebenso wie zu gesteigerter Konzentration (Gee et al. 2007, 2009, 2010a/b). Besonders deutlich im Sinne der Stressreduktion sollte sich ein Hund aber auf diejenigen Kinder auswirken, welche in der Schule Angst haben und durch Überforderung stark unter Stress geraten. Diesen Schülern sollte der direkte Kontakt zum Hund gerade in herausfordernden Situationen ermöglicht werden.

Eine wichtige Voraussetzung ist hier noch zu erwähnen: In der Forschung wird üblicherweise mit einer Auswahl an besonders ausgebildeten, allseits freundlichen, ruhigen und entspannten Hunden gearbeitet. Es wird darauf geachtet, dass die Hunde nicht überfordert werden. Erfahrungsgemäß melden sich auch häufiger Heimtierbesitzer mit forschungsgeeigneten Tieren für entsprechende Studien. Es herrschen also nahezu ideale Bedingungen auf Seite des Hundes. Das ist sicher eine der Voraussetzungen für die beobachteten Effekte. Allerdings stehen entsprechende Studien zur systematischen Überprüfung der Wirkungen unterschiedlicher Hunde je nach individuellen Wesensmerkmalen, aber auch nach Rasse oder bestimmtem Aussehen, bisher noch aus. Um annehmen zu können, dass auch Schulhunde diese positiven Auswirkungen haben, muss der Hund geeignet und in der Schulsituation frei von Stress sein.

8.2 Auswirkungen des Hundes auf die Beziehungen in der Schule

Ein weiterer Bereich, in dem Schulhunde potenziell positiv wirken, ist die Unterstützung guter und vertrauensvoller Beziehungen zwischen den Schülern und zwischen Schülern und Lehrkraft. Hierbei spielen vor allem die berichtete Förderung positiver sozialer Aufmerksamkeit, der Wahrnehmung, der Interaktion und des Vertrauens eine wichtige Rolle.

Wie Kotrschal und Ortbauer (2003) zeigten, erhielt die Lehrkraft in Anwesenheit ihres Hundes mehr freundliche Aufmerksamkeit. Möglicherweise wird ebenso ein Schüler, bei dem der Hund gerade ist, in diesem Moment positiver von seinen Klassenkameraden wahrgenommen. In Anlehnung an die Studien zu Therapeuten und Fremden, die mit Hund als vertrauenswürdiger eingeschätzt wurden (Gueguen/Ciccotti 2008; Schneider/Harley 2006), sollte ebenso die Lehrkraft in Bezug auf ihre Vertrauenswürdigkeit profitieren. Schon Retzlaff (2002) betonte, dass die Lehrkraft im Beisein des Hundes weniger in ihrer Rolle und mehr als – vielleicht sogar sympathischer – Mensch wahrgenommen wird. Dazu kommt der soziale Katalysator-Effekt des Hundes. In Anwesenheit des Schulhundes interagierten die Kinder untereinander mehr und freundlicher (Kotrschal/Ortbauer 2003). Ähnlich positiv sollte auch die Interaktion mit der Lehrkraft beeinflusst werden. Indirekt weisen die Ergebnisse zum verbesserten Klassenklima, welches maßgeblich durch Interaktionen von Schülern und Lehrkraft bedingt wird, in diese Richtung.

Aufmerksamkeit, positive Wahrnehmung des anderen und freundliche Interaktionen sind Voraussetzungen für die Entwicklung einer guten, d.h. vertrauensvollen und verlässlichen Lehrer-Schüler- und Schüler-Schüler-Beziehung. Natürlich kann das auch ohne Hund gelingen, wobei viel von der Zusammensetzung der Klasse sowie dem Unterrichtsstil und der Persönlichkeit der Lehrkraft abhängt. Immer wieder aber gibt es Klassen und einzelne Kinder, mit denen der Beziehungsaufbau nicht optimal funktioniert. Ein freundlicher Schulhund kann erheblich dazu beitragen, gute Sozialstrukturen in der Klasse und somit ein optimales Lernumfeld schneller und einfacher herzustellen (Julius et al. 2012). Insbesondere die gute Beziehung zur Lehrkraft ist zentral für den Lernerfolg (Bauer 2008; Pianta et al. 2002). Die Lehrkraft kann die Schüler nur dann effektiv in Stresssituationen unterstützen, wenn eine vertrauensvolle Beziehung besteht. Darüber hinaus kann die Lehrkraft als Modell für rücksichtsvollen, aber auch konsequenten Umgang mit anderen dienen. Ein Schulhund hat demnach das Potenzial, gute Voraussetzungen und ein förderliches Umfeld für kognitives und soziales Lernen zu schaffen.

9 Das Bindungshormon Oxytocin in der Beziehung zwischen Mensch und Hund

Zusammenfassung

In den letzten Jahren wurde die Bedeutung des Hormons Oxytocin im Rahmen der Mensch-Tier-Beziehung verstärkt diskutiert. Betrachtet man die Effekte von Tieren und von Oxytocin, so zeigt sich eine große Überschneidung: Beide Faktoren reduzieren Stressparameter, fördern Sozialverhalten und werden mit Gesundheit, aber vor allem mit engen, emotional relevanten Beziehungen zwischen zwei Individuen in Zusammenhang gebracht. Da es sich bei der Aktivierung des Oxytocin-Systems wohl um einen grundlegenden Mechanismus der Effekte von Tieren, auch von Schulhunden, auf Menschen handelt, werden einige Fakten dazu kurz dargestellt. Das Wissen um diese Zusammenhänge ermöglicht eine Planung und Steuerung der Interaktionen zwischen Schüler und Hund, um erwünschte Effekte, z. B. Stressreduktion, zu erzielen.

Recherchiert man den aktuellen Stand der Forschung zu sozialen Beziehungen, so stößt man auf viele faszinierende Befunde der modernen Neurowissenschaften und vor allem auf die Effekte des Hormons Oxytocin, welches vereinfacht oft als das *Bindungs-Hormon* oder *Kuschel-Hormon* bezeichnet wird.

Faktoren, die zur Synthese und Freisetzung von Oxytocin im Körper beitragen und die Wirkungen, die dieses Hormon hervorruft, wurden sowohl an

Tieren als auch an Menschen untersucht. Im Rahmen dieses Buches kann nur eine kurze Übersicht über die Fülle an wissenschaftlichen Ergebnissen rund um das Hormon Oxytocin gegeben werden (für eine detaillierte Übersicht s. Insel 2010; Julius et al. 2012; Uvnäs-Moberg 2003). Ziel ist es, zu vermitteln, wieso dieses Hormon erheblich zur Erklärung positiver Wirkungen von Hunden auf Menschen beiträgt und welche Implikationen sich daraus für die hundegestützte Pädagogik ergeben.

9.1 Das Oxytocin-System und seine Effekte

Oxytocin wird im Hypothalamus, also im basalen Zwischenhirn, produziert und gelangt über Nervenbahnen in die Hypophyse. Über sensorische Stimulation eines Netzwerks von Nerven, die Oxytocin enthalten, wird es von dort aus in den Blutkreislauf und das Gehirn freigesetzt. Beispiele für eine solche Stimulation sind das Stillen, der Geburtsvorgang bzw. die Wehen, aber auch Wärme und Berührung sowie Streicheln in einer vertrauensvollen Beziehung (s. Insel 2010; Uvnäs-Moberg 2003).

Viele physiologische Funktionen werden durch Oxytocin moduliert, wie durch experimentelle Forschung heute gut belegt ist:

Physiologische Effekte: Oxytocin …

- verringert die Spiegel von Stresshormonen wie Kortisol bei Mensch und Tier, vor allem in Reaktion auf einen sozialen Stressor;
- vermindert Blutdruck und Herzfrequenz für mehrere Stunden und erhöht die periphere Hautdurchblutung;
- hat eine entzündungshemmende Wirkung, setzt die Schmerzgrenze herauf und erhöht die Funktion des parasympathischen Nervensystems und des endokrinen Systems, die mit Verdauung, Wachstum, Heilung und Erholung in Zusammenhang stehen; es wirkt also gesundheitsfördernd.

(Quelle: Dreifuss et al. 1988; Heinrichs et al. 2003; Kirsch et al. 2005; Legros et al. 1988; Neumann et al. 2000; Petersson et al. 1999a, 1999b, 2005; Uvnäs-Moberg 1989, Uvnäs-Moberg et al. 1994; Widstrom et al. 1988)

Oxytocin wirkt sich zudem auf psychologische Faktoren und Verhalten aus:

Psychologische Effekte und Verhaltenseffekte: Oxytocin …

- vermindert Angst, vor allem in Zusammenhang mit sozialem Stress;
- stimuliert soziale Interaktionen und fördert mütterliches Pflegeverhalten;
- fördert die Bindung zwischen Mutter und Kind und zwischen Partnern;
- vermindert Depressivität;
- führt zu vermehrtem Augenkontakt;
- verbessert soziale Kompetenz;
- vermindert Aggressivität;
- fördert die Empathie und die Erinnerung für Gesichter;
- führt zu einer positiveren Selbstwahrnehmung;
- unterstützt Lernen durch Konditionierung.

(Quelle: Amico et al. 2004; Björkstrand et al. 1996; Cardoso et al. 2011; Carter et al. 1995; Domes et al. 2007; Fahrbach et al. 1984; Guastella et al. 2008; Guastella et al. 2009; Heinrichs et al. 2003; Jonas et al. 2008; Kendrick et al. 1986; Kendrick et al. 1997; Keverne/Kendrick 1992; Kirsch et al. 2005; Neumann et al. 2000; Ohlsson et al. 2005; Pedersen et al. 1982; Petersson et al. 1998, 1999a, 1999b; Rimmele et al. 2009; Savaskan et al. 2008; Uvnäs-Moberg et al. 1994, 2000; Zak et al. 2005, 2007)

9.2 Oxytocin in der Interaktion zwischen Mensch und Hund

Relativ einfach lässt sich aus obiger Aufzählung erkennen, dass es zwischen den Effekten von Tieren auf Menschen und den Effekten von Oxytocin eine große Überschneidung gibt. Daher drängt sich die Schlussfolgerung auf, dass Oxytocin zur Erklärung der Effekte von Tieren bzw. Hunden beitragen kann, ja sogar eine Schlüsselrolle dabei spielt (Beetz 2007a, 2007b, 2009, 2011; Beetz et al. 2012; Julius et al. 2012). An dieser Stelle sei erwähnt, dass es zwar Studien zum positiven Einfluss von Tierkontakt auf das Immunsystem (Charnetski et al. 2004) und die Schmerzwahrnehmung (Darrah 1996) gibt, dass die Datenlage aber zu dürftig ist, um definitive Aussagen dazu zu treffen. Ebenso sind Befunde zur Förderung der Empathie gegenüber Menschen und der sozialen Kompetenz durch Tiere (Daly/Morton 2003, 2006; Poresky/Hendrix 1990; Paul 2000) widersprüchlich und aufgrund der verwendeten

Abb. 7–9: Sowohl Mädchen als auch Jungen kümmern sich gern um Tiere

Forschungsdesigns nicht eindeutig interpretierbar.

Zum Einfluss der Interaktion mit Tieren auf das Oxytocin-System existieren bereits mehrere Studien. Odendaal (2000; Odendaal/Meintjes 2003) stellte einen signifikanten Anstieg von Oxytocin im Blut bei Mensch und Hund fest, nachdem die Studienteilnehmer den Hund für 5–24 Minuten gestreichelt hatten. Der Effekt war beim eigenen Hund größer als bei einem unbekannten, was zeigt, dass die Ausschüttung von Oxytocin eng mit der Qualität der Beziehung zwischen Mensch und Hund verknüpft ist.

Auch Miller et al. (2009) untersuchten Oxytocin im Blut nach der Interaktion mit dem eigenen Hund. Diese fand statt, als die Teilnehmer, die tagsüber auf der Arbeit und vom Hund getrennt waren, wieder nach Hause kamen. Als Vergleichssituation wurde Lesen in Abwesenheit des Hundes nach dem Heimkommen herangezogen. Nur bei den weiblichen Hundebesitzern, nicht aber bei den Männern, stieg der Oxytocin-Spiegel nach der

Interaktion mit dem Hund signifikant an. Diese Befunde wurden in einer Studie von Handlin et al. (2011) bestätigt. Auch hier führte dreiminütiges Streicheln und Reden bei Besitzerin und Hund zu einem Anstieg von Oxytocin im Blut.

Nagasawa et al. (2009) beobachteten während einer 30-minütigen Interaktion die Dauer des Blickkontakts zwischen Hunden und ihren Besitzern. In einer Kontrollsituation durften diese ihrem Hund nicht in die Augen sehen. Die Besitzer wurden in verschiedene Gruppen eingeteilt. Eine Gruppe wurde länger von ihren Hunden angeschaut und hatte nach eigenen Angaben eine höhere Bindung zum Hund. Die andere Gruppe wurde weniger lang von ihren Hunden angeschaut und war weniger eng gebunden. Nach der normalen Interaktion, nicht aber in der Kontrollsituation, zeigten die Besitzer mit längerem Augenkontakt zum Hund einen höheren Oxytocin-Spiegel als die Vergleichsgruppe. Die soziale Bezogenheit von Mensch und Hund aufeinander, selbst wenn diese nur über Augenkontakt hergestellt wurde, und nicht nur die Anwesenheit beider Sozialpartner, gab in dieser Studie also den Ausschlag.

Insgesamt deuten die beschriebenen Studien darauf hin, dass die Interaktion mit einem Hund, vor allem wenn bereits eine gute Beziehung besteht, mit einer Erhöhung des Oxytocin-Spiegels bei Mensch und Hund einhergeht. Vor allem Körperkontakt, aber auch bereits die soziale Kontaktaufnahme auf eine gewisse Distanz kann diese Reaktion auslösen. Führt also die Interaktion mit dem Tier zu einer Ausschüttung von Oxytocin, lassen sich darauf basierend die anderen Effekte von Tieren auf Menschen erklären. Streicheln und anderweitige positive Interaktionen spielen hierbei eine zentrale Rolle.

Ein weiterer Effekt von Oxytocin, eine positivere Selbstwahrnehmung, wurde bisher nur indirekt im Rahmen der Mensch-Tier-Forschung untersucht. Menschen jeden Alters berichten, dass sie sich von ihrem Tier angenommen fühlen, so, wie sie eben sind (Beetz et al. 2011; Kurdek 2008). Diese uneingeschränkte Akzeptanz, die Tiere Menschen gegenüber zeigen oder die Menschen subjektiv so empfinden, wird üblicherweise als *Aschenputtel-Effekt* bezeichnet.

Sicherlich bemühen sich Eltern, Lehrer und Therapeuten um solch eine uneingeschränkte Akzeptanz von Kindern oder Klienten. Jedoch wird sie seltener vom Gegenüber so empfunden bzw. stehen ihr viele Menschen aufgrund schlechter Vorerfahrungen und dem Wissen um gesellschaftliche Normen äußerst misstrauisch gegenüber. Menschen beurteilen einander eben nach sozialen Normen, Tiere tun das kaum. Das Gefühl, akzeptiert zu werden, ist jedoch eng mit einer positiven Selbstwahrnehmung verbunden, genauso wie Oxytocin. Daher liegt die Vermutung nahe, dass auch beim Aschenputtel-Effekt unter anderem die Aktivierung des Oxytocin-Systems durch den Kontakt zum Tier eine Rolle spielen könnte.

Uneingeschränkte Akzeptanz und das Erfahren von sozialer Unterstützung ist Bestandteil einer jeden vertrauensvollen Beziehung und Grundlage einer psychisch gesunden Entwicklung. Ein Modell, das diese Idee aufgreift und erklärt, wie negative Erfahrungen mit primären Bezugspersonen die Entwicklung von Kindern beeinträchtigen, ist die Bindungstheorie von Bowlby (1969). Diese wird im folgenden Kapitel in ihren Grundzügen dargestellt und in ihrer Bedeutung für die Mensch-Tier-Beziehung und deren positive Effekte diskutiert (Beetz 2009).

Die Zusammenhänge von Effekten von Tieren mit Bindung, Stressregulation und dem Oxytocin-System wurden von Julius, Beetz, Uvnäs-Moberg und Kotrschal (2010) in einem integrativen, interdisziplinären Modell der Mensch-Tier-Beziehung zusammengeführt und sind in Julius et al. (2012) ausführlich dargestellt.

Zum Weiterlesen

Bauer, J. (2008). Lob der Schule. München, Heine.

Beetz, A. (2009). Psychologie und Physiologie der Bindung zwischen Mensch und Tier. In C. Otterstedt and M. Rosenberger (Hrsg.). Gefährten – Konkurrenten – Verwandte. Die Mensch-Tier-Beziehung im wissenschaftlichen Diskurs. Göttingen, Vandenhoeck & Ruprecht, 133–152.

Roth, G. (2006). Möglichkeiten und Grenzen von Wissensvermittlung und Wissenserwerb. Erklärungsansätze aus Lernpsychologie und Hirnforschung. In: Caspary, R. (Hrsg.). Lernen und Gehirn. Der Weg zu einer neuen Pädagogik. Freiburg im Breisgau, Herder, 54–69.

Spitzer, M. (2006). Medizin für die Schule. Plädoyer für eine evidenzbasierte Pädagogik. In: Caspary, R. (Hrsg.). Lernen und Gehirn. Der Weg zu einer neuen Pädagogik. Freiburg im Breisgau, Herder, 23–35.

10 Bindung zu Menschen und Tieren

Zusammenfassung

Soziale Unterstützung in vertrauensvollen Beziehungen, auch zwischen Schüler und Lehrer, ist das effektivste Mittel, um Stress zu regulieren. Allerdings können viele Kinder aufgrund suboptimaler Erfahrungen mit primären Bezugspersonen soziale Unterstützung durch sekundäre Bezugspersonen wie Lehrer nur schlecht zur Stressregulation nutzen. In Regelschulen ist fast jedes zweite Kind davon betroffen, in sonderpädagogischen Einrichtungen bis zu 90 % der Kinder. Daher ist das Verständnis dieses grundlegenden Mechanismus hoch relevant für Schule und pädagogische Einrichtungen. Im Gegensatz zur Lehrkraft und anderen Personen kann ein Hund jedoch auch bei Kindern mit unsicheren Bindungsmustern nachweislich Stressreaktionen und langfristig die Lehrer-Schüler-Beziehung günstig beeinflussen. Denn die Beziehung zu vertrauten Tieren erfüllt bei den meisten Menschen die Funktion einer sicheren Bindung, unabhängig davon wie die Bindung zu Menschen aussieht. Darauf begründet sich das große Potenzial hundegestützter Interventionen für Kinder mit unsicheren Bindungsmustern.

Die Bindungstheorie von Bowlby (1969) und Ainsworth (1963, 1972) stellt ein Modell zur Erklärung von Mechanismen in emotional relevanten, langfristigen Beziehungen zwischen Menschen, ursprünglich zwischen Mutter und Kind, dar. John Bowlby entwickelte die Bindungstheorie anhand von Beobachtungen an menschlichen Mutter-Kind-Dyaden (1969, 1980) und damaligen Erkenntnissen zur Bedeutung mütterlichen Pflegeverhaltens und des kindlichen Bedürfnisses nach Nähe und Körperkontakt aus der Primatenforschung (Harlow 1958; Harlow/Zimmerman 1959). In einer Reihe von Versuchen hatten Harlow und Zimmermann Affenbabys von ihren Müttern getrennt und ihnen zwei ‚Surrogatmütter' zur Verfügung gestellt. Eine davon war aus Draht und hatte eine Milchflasche, die andere war mit kuscheligem Frottee bezogen, aber ohne Nahrungsquelle. Entgegen der Erwartung, dass die ‚Mutter' als Nahrungsquelle besonders bedeutsam sei, verbrachten die Affenbabys den Großteil ihrer Zeit, ca. 18 Stunden pro Tag, auf der weichen Frottee-Mutter und suchten dort Körperkontakt. Auch wenn man die Äffchen neuen und angstauslösenden Reizen aussetzte, flüchteten sie sich zur kuscheligeren Stoffmutter. Dort klammerten sie sich an und wenn sie sich durch den (Körper-) Kontakt wieder sicher fühlten, bedrohten einige sogar ihrerseits den angstauslösenden Reiz. In Harlows Versuchen wurden die grundlegenden Funktionen und Schlüsselmerkmale von Bindungsbeziehungen deutlich. Diese gelten nicht nur für Primaten, einschließlich Menschen, sondern wahrscheinlich für die meisten sozialen Säugetiere mit langer Abhängigkeit der Nachkommen von der Mutter. Vor dem Hintergrund gemeinsamer stammesgeschichtlicher Verwandtschaft und ähnlicher Anforderungen der Umwelt entwickelten sich ähnliche physiologische Strukturen und Mechanismen für Sozialbeziehungen (Goodson 2005; Kotrschal 2009; Kotrschal et al. 2010).

10.1 Was ist Bindung?

Die Bindung eines Babys an seine primäre Bezugsperson (Bindungsfigur) entwickelt sich im Lauf des ersten Lebensjahres auf der Basis des Bindungsverhaltenssystems. Verhaltenssysteme sind biologisch basierte, motivationale Kontrollsysteme, die Regeln und Verhalten, welche mit einem bestimmten Ziel verbunden sind, steuern (Marvin/Britner 2008). Die zugehörigen Verhaltensweisen müssen nicht erlernt werden, sondern sind bereits in Form von angeborenen motorischen Mustern verfügbar. Sie entstanden im Lauf der evolutionären Geschichte einer Art und bieten einen Überlebens- bzw. Reproduktionsvorteil (Baerends 1941).

Verhaltenssysteme organisieren also Verhalten, das auf ein bestimmtes, wichtiges Ziel ausgerichtet ist, wie etwa Reproduktion. Zum Bindungsverhalten zählen alle Verhaltensweisen eines Kindes, die darauf abzielen, die Nähe zu einer klar definierten Bezugsperson, die besser in der Lage ist, mit den Anforderungen der Welt klarzukommen, herzustellen oder aufrechtzuerhalten (Bowlby 1988). Das kann, im Fall eines Kleinkindes, Weinen, Schreien, Hinkrabbeln, Hände entgegenstrecken, Augenkontakt suchen, Festhalten oder Anklammern sein. Am ehesten kann man dieses Verhalten beobachten, wenn das Kind sich schlecht fühlt, Angst hat, müde oder krank ist und Trost durch Nähe und Fürsorge der Bindungsperson sucht. Auch eine Trennung von der Bindungsfigur aktiviert das Bindungsverhalten, da das Alleinsein oder die ausschließliche Anwesenheit von Nicht-Bindungsfiguren subjektiv eine Gefährdung des Kindes gerade in unbekannten Situationen und Umgebungen darstellt. Die primäre Funktion des Bindungsverhaltenssystems ist es, Nähe zwischen Kind und Mutter herzustellen und aufrecht zu erhalten, um Schutz und Fürsorge/Pflege für das Kind sicher zu stellen (Bowlby 1988, 26f).

Eine weitere Funktion (Bowlby 1969) ist die Reduktion und das Abpuffern von Stress durch Kontakt zur Bindungsfigur. Das können nicht nur die Mutter, sondern auch Vater und alle Bezugspersonen sein, die sich regelmäßig um das Kind kümmern. Eine effektive Bindungsfigur dient dem Kind in Zeiten erhöhter Belastung und bei Stress als sicherer Hafen, den es ‚anlaufen' kann, um sich zu regulieren. Nähe zur Bezugsperson und direkter Körperkontakt sowie angemessenes Pflegeverhalten, also Umsorgen durch die Bindungsfigur, beenden normalerweise das Bindungsverhalten des Kindes erfolgreich.

Die Bindungsfigur dient dem Kind zudem als sichere Basis für das Erforschen der Umgebung, also für Exploration. Im Alltag kann man z.B. gut beobachten, wie Kleinkinder auf einem neuen Spielplatz die Nähe zur Mutter suchen, sich erst zusammen mit ihr die Spielgeräte ansehen, dann in ihrer Nähe zu spielen anfangen und sich erst später weiter entfernen.

10.2 Sichere und unsichere Bindung

Wie die meisten Verhaltenssysteme ist das Bindungssystem flexibel in seiner Ausformung, da dies einen Selektionsvorteil bietet (Kermoian/Liderman 1986). Beim Kind bestimmen hauptsächlich die Erfahrungen mit den primären Bezugspersonen, welche Strategie des Bindungsverhaltenssystems sich herausbildet. Unter optimalen Bedingungen ist das die ursprünglich favorisierte Primärstrategie (Hinde/Stevenson-Hinde 1991), welche der sicheren Bindung entspricht. Unter weniger günstigen Bedingungen dagegen entwickeln sich sekundäre Strategien, die unsicher-vermeidende, unsicher-ambivalente oder die desorganisierte Bindung. Diese Strategien sowie die Erfahrungen mit Bindungspersonen sind in einer mentalen Repräsentation, dem internalen Arbeitsmodell, organisiert (Bretherton/Munholland 2008). Über das internale Arbeitsmodell kann sich das Kind Interaktionen mit anderen Personen in der Zukunft vorstellen und sein Verhalten dementsprechend vorausschauend planen (Bowlby 1980).

Sichere Bindung

Eine sichere Bindung entwickelt sich in Interaktion mit feinfühligen und verlässlichen Bindungsfiguren, die als verfügbar und unterstützend wahrgenommen werden. Daher suchen sicher gebundene Kinder bei Stress oder Angst aktiv die Nähe zur Bindungsfigur, um Trost und Unterstützung zu erfahren (Ainsworth et al. 1971). Meist reduziert die Nähe und Fürsorge der Bindungsfigur den Stress erfolgreich und beendet so das Bindungsverhalten. Sicher gebundene Kinder haben Vertrauen in die Verfügbarkeit ihrer Bindungsfiguren und deren Unterstützung. In dieser Sicherheit – wobei es sich eher um ein unbewusstes Wissen und ein sicheres Gefühl handelt – können sie ihre Umwelt erkunden und lernen.

Unsicher-vermeidende Bindung

Unsicher-vermeidend gebundene Kinder erleben ihre Bindungsfiguren als zurückweisend und wenig unterstützend. Daher vermeiden sie diese meist bei Stress und suchen keine Unterstützung, d.h. diese Kinder zeigen dann kaum offensichtliches Bindungsverhalten. Stattdessen versuchen sie gewöhnlich, sich über das Explorieren von Gegenständen von ihrem Zustand abzulenken (Ainsworth/Wittig 1969; Ainsworth et al. 1971). Dass unsicher-vermeidend gebundene Kinder bei Stress kaum Bindungsverhalten (Weinen, Anklammern) zeigen, sollte nicht darüber hinwegtäuschen, dass sie bei Belastung dennoch deutliche physiologische Stressreaktionen, z.B. erhöhten Kortisolspiegel, aufweisen (Spangler/Schieche 1998).

Unsicher-ambivalente Bindung

Unsicher-ambivalent gebundene Kinder erleben ihre Bindungsfigur als unzuverlässig in belastenden Situationen. Aufgrund der unberechenbaren Verfügbarkeit und Reaktionsbereitschaft der Bindungsfigur – manchmal kümmert sie sich um die Bindungsbedürfnisse des Kindes, manchmal nicht und manchmal ist sie zurückweisend – suchen diese Kinder permanent ihre Nähe, wobei sie ihr gegenüber aber auch Ärger und Aggression zeigen. Der Kontakt zur Bindungsfigur reduziert den Stress des Kindes jedoch nicht adäquat.

Desorganisierte Bindung

Die bisher beschriebenen Bindungsmuster stellen angepasst-organisierte Strategien vonseiten der Kinder dar, um Versorgung und Schutz von der Bindungsfigur zu erhalten. Im Falle einer desorganisierten Bindung aber brechen diese Strategien in belastenden Situationen zumindest vorübergehend zusammen. Das Kind zeigt ‚Desorientierung' und ‚Desorganisation', also desorganisiertes Verhalten, welches kein klares Ziel (Nähe suchen oder vermeiden) verfolgt oder sogar Angst gegenüber der Bindungsfigur ausdrückt (Main/Solomon 1986, 1990). Abgesehen von diesem akuten desorganisierten Verhalten fühlen sich desorganisiert gebundene Kinder verletzlich und hilflos in angstauslösenden Situationen und erleben ihre Bindungsfiguren als unfähig, ihnen die notwendige Sicherheit zu geben (Lyons-Ruth/Jacobvitz 2008; Solomon/George 1999).

Eine desorganisierte Bindung findet sich häufig bei Kindern, die vernachlässigt oder physisch oder sexuell von ihren Bindungsfiguren missbraucht wurden. Aber auch der Verlust einer Bindungsfigur, traumatische Trennungen, angstauslösendes Verhalten der Bindungsfigur wie z.B. wiederholte Drohungen, das Kind zu verlassen, oder eine psychiatrische Erkrankung, wie etwa eine schwer depressive Bindungsfigur, tragen zur Entwicklung einer Bindungsdesorganisation bei.

10.3 Nachteile unsicherer und desorganisierter Bindung

Nach dem Konzept der Entwicklungspsychopathologie entwickeln sich abweichendes Verhalten oder psychische Störungen durch das Zusammenwirken von protektiven Faktoren und Risiko-Faktoren (Sroufe/Rutter 1984). Diese können biologische oder psychische Gegebenheiten innerhalb der Person sein (psychische Erkrankung, genetische Faktoren, Krankheiten, Bindungsmuster) oder das Familiensystem oder das weitere soziale Umfeld betreffen. Generell gelten eine unsichere und noch viel mehr eine desorganisierte Bindung als Risikofaktoren für die sozio-emotionale Entwicklung von Kindern (s. Strauss et al. 2002). Dagegen stellt eine sichere Bindung einen wichtigen protektiven Faktor dar (Werner/Smith 1982, 1992, 2001). In der Bevölkerung liegt der Anteil der sicheren Bindung bei 50 bis 70 % (je nach Land und Studie; Ainsworth et al. 1978; Grossmann et al. 1981), der Anteil der Personen mit einer Bindungsdesorganisation bei unter 20 % (Gloger-Tippelt et al. 2000; Julius 2001). In auffälligen Populationen, z. B. bei Kindern mit sonderpädagogischem Förderbedarf oder Personen mit psychischen Erkrankungen, weisen bis zu 90 % eine unsichere und bis zu 60 % eine desorganisierte Bindung auf (Buchheim/Strauss 2002; van Ijzendoorn/Bakermans-Kranenburg 1996; Julius 2001). Das bedeutet, dass selbst in regulären Grundschulen jeder zweite bis dritte Schüler und in sonderpädagogischen Einrichtungen fast 90 % der Kinder ein unsicheres Bindungsmuster aufweisen.

Bindungen einzugehen ist dem sozialen Lebewesen Mensch nicht nur in der Kindheit ein Bedürfnis, selbst wenn sie dann besonders wichtig sind, sondern während der gesamten Lebensspanne. Die Fähigkeit, Bindungen aufzubauen und zu erhalten, ist ein Merkmal psychischer Gesundheit (Bowlby 1979). Bindungsbeziehungen sind vor allem auch darum wichtig, da Bindungsfiguren die wichtigste Quelle für soziale Unterstützung in Stresssituationen darstellen (Mikulincer/Shaver 2009).

EXKURS

Soziale Unterstützung

Üblicherweise wird zwischen drei Formen sozialer Unterstützung unterschieden: Unterstützung über das Geben von Informationen, instrumentelle Unterstützung (z. B. praktische Hilfe, Geld) und emotionale Unterstützung, bei der auch Körperkontakt eine Rolle spielen kann (Ditzen et al. 2007). Es ist offensichtlich, dass Informations- und instrumentelle Unterstützung auch in weniger engen Beziehungen, z. B. unter Kollegen, gegeben wird, emotionale Unterstützung hingegen eher in engen, vertrauensvollen Beziehungen. Die Kombination mit Körperkontakt ist am häufigsten in sicheren Bindungsbeziehungen zu finden (Hazan/Zeifmann 1999).

Soziale Unterstützung ist die effektivste Methode, um Stress zu reduzieren (Filipp 1995). Daher sind sichere Bindungen für die Stressregulation und auf lange Sicht für die psychische und physische Gesundheit sehr bedeutsam. Unsicher gebundene Menschen dagegen nehmen Stress-auslösende Situationen nicht nur subjektiv als belastender wahr (Ditzen et al. 2008; Mallinckrodt 2000), sondern können soziale Unterstützung durch eine Vertrauensperson auch weniger effektiv zur Stressregulation nutzen (Maunder/Hunter 2001).

10.4 Die Übertragung von Bindungsmustern auf die Lehrer-Schüler-Beziehung

Man könnte meinen, dass die Beziehung von Kindern zu ihren Eltern in der Schule nicht so eine große Rolle spielt, denn die Lehrkraft sollte sich ja soweit wie möglich immer unterstützend und fürsorglich verhalten, also anders als die Eltern unsicher gebundener Kinder. Das Problem dabei ist aber, dass das internale Arbeitsmodell von Bindung spontan auf alle neuen bedeutsamen Sozialbeziehungen übertragen wird (Dozier et al. 2001; Suess 1987; Sroufe/Fleeson 1988; Sroufe et al. 2005). Das trifft also auch auf die Beziehung zur Lehrkraft zu (Achatz 2007). Durch diese Übertragung der Erwartungen über das Verhalten von Bindungsfiguren verhält sich das Kind entsprechend und provoziert bei der Lehrkraft mit der Zeit meist komplementäres Verhalten, das dem seiner primären Bindungspersonen entspricht (Julius 2009). Dadurch wird das bestehende Bindungsmuster zu den Eltern auch in der Lehrer-Schüler-Beziehung wiederhergestellt und verfestigt. So kann die Lehrkraft kaum effektiv zur sozialen Unterstützung und Stressregulation solcher Schüler beitragen. Zusätzlich erschweren besonders große Klassen, die heute nicht selten sind, ein feinfühliges Eingehen der Lehrkraft auf die Bedürfnisse jedes Kindes.

Aber auch in sonderpädagogischen Einrichtungen mit einem oftmals günstigeren Lehrer-Schüler-Verhältnis bedarf es einer professionellen Schulung der Lehrkräfte, um der Re-Etablierung von ungünstigen Bindungsmustern gezielt entgegenzuwirken (s. Julius 2009). Hinzu kommt der Einfluss der eigenen Bindungsmuster der Lehrer, welche deren Emotionen und Verhaltensweisen in Beziehungen lenken. Genauer betrachtet handelt es sich nicht um das Bindungsverhalten der Lehrkraft, denn der Lehrer sucht ja keine Unterstützung beim Schüler, sondern gibt als Bindungsfigur Fürsorge. Dieses fürsorgliche Verhalten ist in einem Verhaltenssystem organisiert, welches komplementär zum Bindungsverhaltenssystem des Kindes das Pflegeverhalten der Bindungsperson leitet: das Pflegeverhaltenssystem (George/Solomon 2008).

10.5 Pflegeverhalten

Obwohl eng mit dem Bindungsverhaltenssystem verknüpft, ist das Pflegeverhalten (‚Caregiving') in einem separaten System organisiert (George/Solomon 2008). Ziele dieses Verhaltenssystems sind der Schutz, die Fürsorge und das Trösten des Kindes – indirekt also auch die Regulation von Stress beim Kind. Zum Pflegeverhalten zählen alle Verhaltensweisen, die darauf abzielen, das Bindungsverhalten des Kindes erfolgreich zu deaktivieren oder dessen Aktivierung zu verhindern. Dazu gehören das Herstellen und Aufrechterhalten von Nähe, Rufen, Trösten, Hochheben, Streicheln, Augenkontakt halten, Füttern, Umsorgen und Körperpflege. Aktiviert wird das Pflegeverhalten durch Gefahren oder Bindungssignale des Kindes, aber oft schon allein durch Merkmale des Kindes selbst (George/Solomon 2008; s. auch Kindchen-Schema, Lorenz 1943).

An dieser Stelle sei betont, dass auch in der Abwesenheit von Stress in einem positiven Kontext sowohl Bindungs- als auch Pflegeverhalten gezeigt werden. Dies entspricht einer gegenseitigen Freude der Bindungsfigur und des Kindes aneinander und an der Interaktion und ist mit positiven Gefühlen oder zumindest einem entspannten Zustand verknüpft. Solche Aktionen dienen wahrscheinlich der Stabilisierung der Beziehung und dem Abpuffern von zukünftigem Stress.

Positive Interaktionen genauso wie die erfolgreiche Deaktivierung von Bindungs- oder Pflegeverhaltenssystem gehen mit einem Gefühl der Zufriedenheit und Freude bei Bindungsfigur und Kind einher. Dieses Gefühl wird zudem von der Ausschüttung positiver Botenstoffe, unter anderem Oxytocin, begleitet (Feldman et al. 2011, Uvnäs-Moberg 2003). Auch die Aktivierung des Pflegeverhaltenssystems ist mit Stress verbunden, wenn das Bindungsverhalten des Kindes nicht erfolgreich und rasch deaktiviert werden kann – das weiß jeder, der einmal erfolglos versucht hat, ein weinendes Baby zu beruhigen.

Parallel zum Bindungsverhaltenssystem formt sich das Pflegeverhalten entweder nach seiner Primärstrategie oder nach sekundären Strategien aus. Entweder geht die Bindungsfigur zuverlässig, aber auch flexibel und dem Alter des Kindes entsprechend feinfühlig auf die Bindungssignale ein. Oder es wird eher distanzierte Fürsorge mit Betonung der Selbstständigkeit des Kindes oder vages, inkonsistentes und schwer einzuschätzendes Pflegeverhalten gezeigt. Ebenso kann das Pflegeverhalten dysreguliert sein und damit zeitweilig seiner eigentlichen Funktion nicht adäquat entsprechen, z.B. wenn die Bindungsfigur sich selbst hilflos fühlt und trotz eindeutigen Bindungsverhaltens des Kindes überhaupt kein Pflegeverhalten zeigt.

Aktuell verlangt der Schulalltag von Lehrern immer mehr Erziehung und Beziehungsarbeit, um überhaupt eine Situation herzustellen, die Lernen ermöglicht (Bauer 2008). Das erfordert Zeit, die dann nicht für das Vermitteln von Unterrichtsstoff zur Verfügung steht. Im Rahmen der Beziehungsarbeit zeigt die Lehrkraft Verhalten, welches größtenteils dem Pflegeverhaltenssystem zugerechnet wird und das somit eng mit der eigenen und der kindlichen Stressregulation verbunden ist. Doch auch Lehrer haben nicht immer eine sichere Bindung bzw. ein entsprechendes günstiges internales Arbeitsmodell von Pflegeverhalten. Aufgrund der Nähe von Bindungs- und Pflegeverhaltenssystem (George/Solomon 2008) sind ungünstige Muster von Pflegeverhalten wohl ebenso bei fast jeder zweiten Lehrkraft zu finden (Beetz 2014). Dadurch wird erstens die Stressreduktion beim Schüler durch weniger effektive emotionale und soziale Unterstützung vonseiten der Lehrkraft beeinträchtigt, zweitens wird langfristig der Aufbau einer guten Beziehung zu den Schülern, vor allem zu solchen mit unsicherer Bindung, erheblich erschwert. Wenn auf beiden Seiten ungünstige internale Arbeitsmodelle vorliegen, kann Stress in der Schule wahrscheinlich kaum effektiv über die Lehrer-Schüler-Beziehung reguliert werden. Zu erwähnen ist, dass Pflegeverhalten schon im Kindesalter gezeigt wird. Auch Schüler unterstützen sich gegenseitig, manche Freundschaften erfüllen sogar die Kriterien einer Bindung. Die Wirksamkeit dieser Unterstützung ist jedoch bei unsicheren Mustern deutlich eingeschränkt. Gerade aber in der Beziehung zu ihren Heimtieren zeigen Kinder, bereits vom Kleinkindalter an, Pflegeverhalten. Sie füttern und umsorgen gerne, wenn auch – je nach Alter – noch nicht vollkommen zuverlässig oder adäquat. Möglicherweise kommt es dabei zu ähnlichen physiologischen Effekten wie bei der Erfahrung von sozialer Unterstützung, also zur Reduktion von Stress und Aktivierung des Oxytocin-Systems.

10.6 Bindung zu Tieren

Das Modell der Bindung wird inzwischen auch zur Erklärung von Paarbeziehungen (Hazan/Shaver 1987), Geschwisterbeziehungen oder Freundschaften unter Gleichaltrigen (Peers; Trinke/Bartholomew 1997), herangezogen. Daher erscheint eine Ausweitung des Konzepts auf andere emotional bedeutsame Beziehungen, wie die zwischen einer Person und ihrem Heimtier, nur natürlich (Beetz 2009; Beetz et al. 2011; Julius et al. 2012; Zilcha-Mano et al. 2011).

Aufgrund der Ähnlichkeit des sozialen Gehirns und der Mechanismen in Sozialbeziehungen bei Mensch und Tier (Kotrschal et al. 2010) sind die Voraussetzungen für den Aufbau echter Sozialbeziehungen, auch über die Artgrenze hinweg, gegeben. Darüber hinaus sind die meisten Menschen an Interaktionen und Beziehungen mit anderen Lebewesen interessiert – sie sind biophil.

EXKURS

Biophilie

Das menschliche Interesse an Tieren ist schon im Baby-Alter zu beobachten. Aus dem Kinderwagen heraus wird auf Tiere, vor allem Hunde, gezeigt, und eines der ersten Worte in unserer Kultur ist bei vielen Kindern ‚Wauwau'. Babys und Kinder interessieren sich mehr für Tiere und Natur als für unbelebte Dinge (DeLoache et al. 2011). New et al. (2007) gehen sogar von einem im Menschen, genauer im visuellen Aufmerksamkeitssystem, angelegten Monitoring für Lebendiges aus. Diese Erkenntnisse wurden bereits von Wilson (1984; Kellert/Wilson 1993) in seinem Konzept der Biophilie beschrieben

Unter Biophilie versteht er eine Affinität zu Leben und Natur, die sich im Laufe der Menschheitsgeschichte entwickelt hat und wohl biologisch fundiert ist. Menschen haben über 99 % ihrer stammesgeschichtlichen Entwicklung in engem Kontakt zu Natur und Tieren gelebt, und es ist ihnen ein Bedürfnis, Kontakt, ja sogar Beziehungen zu Tieren, herzustellen (Olbrich 2009). Die biophile Veranlagung des Menschen hat ihm möglicherweise einen Überlebensvorteil eingebracht, da sie zur Besiedlung neuer Lebensumwelten und der Sicherheit des Individuums beitrug, z. B. durch das Wissen über gefährliche Tiere oder wie man Wildtiere zähmen kann. Biophilie bietet zudem einen Erklärungsansatz für das Phänomen, dass Menschen in der Anwesenheit ruhiger Tiere entspannter werden und sich sicherer fühlen. Dieser ‚Biophilie-Effekt' (Julius et al. 2010, 2012) könnte zum einen darauf beruhen, dass Tiere dem Menschen als Hinweis für die Sicherheit oder Gefahren in der Umgebung dienen. Zum anderen könnte es sich um eine zwischenartliche Stimmungsübertragung handeln. Das auf Biophilie basierende Gefühl der Sicherheit, Ruhe und physiologische Entspannung in der Anwesenheit von Tieren begünstigen die Entwicklung einer sicheren Bindung von Mensch zu Tier (Julius et al. 2012).

Bindung von Menschen zu Tieren

Können Beziehungen zwischen Tieren und Menschen nun Bindungsbeziehungen im eigentlichen Sinne sein? Nach Ainsworth (1991) ist eine Person dann eine (sichere) Bindungsfigur, wenn sie die folgenden Kriterien erfüllt:

Kriterien für (sichere) Bindungsfiguren

- Die Person ist eine zuverlässige Bezugsquelle für Trost, vermittelt ein Gefühl der Sicherheit und dient als sichere Basis für Exploration.
- Sie wird in belastenden Situation bzw. bei emotionalem Stress aufgesucht, fungiert also als sicherer Hafen.
- Die physische Nähe zu dieser Person ist mit positiven Emotionen gekoppelt, es wird also versucht, die Nähe zu ihr aufrechtzuerhalten.
- Die Trennung von dieser Person ist mit Trennungsschmerz verbunden.

Betrachtet man sich nun die Mensch-Hund-Beziehung, so wird deutlich, dass zwar nicht alle, aber doch viele Besitzer eine Bindung zu ihrem Hund haben, auch wenn nicht immer alle Kriterien hundertprozentig zutreffen (Beetz 2009). Tierbesitzer vermissen ihre Tiere, z. B. bei Reisen, sie fühlen sich in der Nähe ihrer Tiere wohl und erkunden mit Hund und Pferd lieber neue Umgebungen als allein (sichere Basis für Exploration). Menschen, insbesondere Kinder, suchen bei emotionaler Belastung den Kontakt zu ihrem Heimtier (Covert et al. 1985; Kurdek 2008; Mallon 1994; Rost/Hartmann 1994). Dabei nutzen sie das Tier – meist unbewusst – als sicheren Hafen zur sozialen Unterstützung. Tieren gegenüber wird in solchen Situationen häufig Verhalten gezeigt, das eher dem Pflegeverhalten zuzurechnen ist, wie Streicheln oder Füttern, wobei immer das Suchen von Nähe im Vordergrund steht. Auch diese Verhaltensweisen können einen stressregulierenden Effekt haben, da erfolgreiches Pflegeverhalten Stress reduziert (s. Julius et al. 2012).

Anders als in einer gesunden Eltern-Kind-Beziehung werden die Rollen in der Mensch-Tier-Beziehung ähnlich wie in Freundschaften und Paarbeziehungen nach Bedarf gewechselt (Beetz 2009): Einmal sucht der eine Partner in einer bestimmten Situation Unterstützung und der Beziehungs-Partner fungiert als Bindungsfigur, ein anderes Mal ist es umgekehrt. In solchen Beziehungen wird von beiden Partnern sowohl Pflege- als auch Bindungsverhalten gezeigt. Bei der modernen Heimtierhaltung ist offensichtlich, dass der Mensch im Rahmen tierschutzgerechter Haltung auch für erwachsene Tiere viele Versorgungsaufgaben übernimmt. In der Mensch-Hund-Beziehung ist aktives Pflegeverhalten vonseiten des Tieres eher selten, wobei einige Hundebesitzer berichten, dass ihr Hund durchaus versucht, sie durch körperliche Nähe, Anschmiegen, Lecken etc. aktiv zu trösten und zu unterstützen.

Was unterscheidet nun die Bindung zum Tier von der Bindung zu einem anderen Menschen? Studien belegen, dass mehr Menschen eine sichere Bindung zu ihrem Tier entwickeln als eine sichere Bindung zu Menschen. Ca. 75 % der Kinder, die Tiere haben, suchen bei ihrem Tier Trost und Unterstützung (Covert et al. 1985; Julius et al. 2010; Mallon 1994; Melson 2003). Schon diese Prozentzahl zeigt, dass unsichere internale Arbeitsmodelle von Bindung, die ja bei ca. 30 bis 50 % der Bevölkerung vorliegen, nicht generell auf die Mensch-Tier-Beziehung übertragen werden. Tatsächlich belegen Studien, dass internale Arbeitsmodelle von Bindung zu Menschen und von Bindung zu Tieren weitgehend unabhängig voneinander sind (Beck/Madresh 2008; Julius et al. 2010; Kurdek 2008, 2009a, 2009b).

Offenbar ist es einfacher, eine sichere Bindung zu einem Tier als zu einem Menschen aufzubauen. Erklärt werden kann dies zum einen über den Biophilie-Effekt, zum anderen über Merkmale von Tieren. Üblicherweise reagieren Tiere, anders als die meisten Menschen, nicht den negativen Erwartungen unsicher gebundener Personen entsprechend. Sie sind leichter in ihrem Verhalten einzuschätzen, relativ konstant und authentisch in ihrem Beziehungsverhalten und akzeptieren den Menschen unabhängig von Normen bedingungslos. Dadurch spielt die Erwartung von Zurückweisung kaum eine Rolle in der Mensch-Tier-Beziehung. Zudem sind Tiere von Aussehen und Verhalten her klar von Menschen unterscheidbar. Daher findet eine Transmission unsicherer Bindungsmuster möglicherweise nicht statt. Eine andere Erklärung wäre, dass das sichere Beziehungsverhalten des Tieres die Übertragung unterbricht, und sich eine neue mentale Repräsentation der Beziehung zum Tier entwickelt (Julius et al. 2012).

Zudem begünstigen der häufigere positive Körperkontakt zum Tier und die entsprechenden physiologischen Reaktionen die Entwicklung einer sicheren Bindung. Nach Prato-Previde et al. (2006) ist die Hemmschwelle, ein freundliches Tier zu streicheln, deutlich geringer, als Körperkontakt zu einem netten Menschen aufzunehmen. Die Alltagserfahrung kann dies nur bestätigen. Auch in der Schule ist es sicherlich einfacher und sozial akzeptabler, den Hund zu streicheln, als den Körperkontakt zu Mitschülern oder Lehrkraft zu suchen.

Ebenso werden wohl auch unsichere Muster von Pflegeverhalten nicht generell auf Tiere übertragen. Eine Erklärung dafür bietet die Andersartigkeit des Tieres, die der Person erlaubt, nach natürlicher Veranlagung der Primär-

Abb. 10: Biophilie im Kleinkindalter

strategie, also mit angemessenem und feinfühligem Pflegeverhalten, zu reagieren. Außerdem sind die Bedürfnisse eines Tieres meist weniger komplex als die eines Kleinkindes oder Partners und somit ist es einfacher, richtig zu reagieren.

In der Mensch-Tier-Beziehung ist die Wahrscheinlichkeit, dass sich eine sichere Bindung und/oder entsprechendes Pflegeverhalten entwickeln, also auch für Menschen mit unsicheren Bindungsmustern höher. Trotzdem gibt es auch Fälle von reinem Tierbesitz ohne nennenswerte Beziehung und von unsicheren und desorganisierten Beziehungsmustern zu Tieren. Vor allem Extreme, wie z. B. eine hochgradige Bindungsdesorganisation bei Kindern mit psychischen Auffälligkeiten und hochgradig vermeidend und ambivalente Bindungen re-etablieren sich teilweise dennoch in der Mensch-Tier-Beziehung, selbst in einem professionellen Rahmen wie tiergestützter Therapie und Pädagogik (Zilcha-Mano et al. 2011). Dort kann ein geschulter Pädagoge oder Therapeut dieser Übertragung jedoch gezielt entgegenwirken.

Bindung von Tieren zu Menschen

Betrachtet man die Mensch-Tier-Beziehung von der Seite des Tieres, so entwickeln die allermeisten Hunde eine Bindung zu ihren Besitzern (Topal et al. 1998). Nicht immer jedoch ist diese als sicher einzustufen (Topal et al. 2005). Im Allgemeinen profitiert aber auch der Hund von der positiven Interaktion mit seinem Besitzer im Sinne von Stressreduktion und Aktivierung des Oxytocin-Systems (Handlin et al. 2011; Odendaal 2000; Odendaal/Meintjes 2003). Theoretisch dürften diese Effekte nur bei einer sicheren Bindung von Hund zum Menschen zu finden sein. Insgesamt gibt es aber nur wenige Forschungsergebnisse zur Bindung des Tieres an seinen Menschen. Dass Tiere überhaupt an Menschen interessiert sind, liegt wohl wiederum an der Biophilie. Es ist davon auszugehen, dass nicht nur Menschen, sondern die meisten Lebewesen biophil sind.

Zum Weiterlesen

Beetz, A. (2009). Psychologie und Physiologie der Bindung zwischen Mensch und Tier. In C. Otterstedt and M. Rosenberger (Hrsg.). Gefährten – Konkurrenten – Verwandte. Die Mensch-Tier-Beziehung im wissenschaftlichen Diskurs. Göttingen, Vandenhoeck & Ruprecht, 133–152.

Olbrich, E. (2009). Bausteine einer Theorie der Mensch-Tier-Beziehung. In: C. Otterstedt und M. Rosenberger (Hrsg.). Gefährten – Konkurrenten – Verwandte. Die Mensch-Tier-Beziehung im wissenschaftlichen Diskurs. Göttingen, Vandenhoeck & Ruprecht, 111–132.

11 Beziehungen in der Schule, Stress und Lernen – der Schulhund als Chance

Zusammenfassung

Insbesondere die so genannten *Exekutiven Funktionen*, wie z. B. Impulskontrolle, Selbstmotivation und Konzentration, welche Voraussetzungen für sozialen und schulischen Erfolg darstellen, reagieren auf Stress äußerst empfindlich. Da Schüler in der Schule leider immer wieder unter Stress geraten, sind die stressreduzierenden Effekte eines Schulhundes wichtig, um die Voraussetzung für Lernen herzustellen, vor allem bei Kindern mit unsicherer Bindung. Dazu kommt, dass ein Hund als sozialer Katalysator freundliche Kontakte in der Klasse und zum Lehrer fördert und zu Spaß und Freude an der Schule, Motivation und erfahrungsgeleitetem Lernen beiträgt. Insgesamt kann ein Schulhund also dabei helfen, die wichtigsten Voraussetzungen für soziales und kognitives Lernen – für Bildung und Erziehung – herzustellen.

Obwohl nicht beabsichtigt, geraten Schüler – und auch Lehrer – in der Schule manchmal unter Stress. Wenn dies nur gelegentlich geschieht, ist das für die Gesundheit der Personen oder die Sozialbeziehungen in der Klasse nicht bedenklich. Für das Lernen und das Erbringen von Leistung in einer spezifischen Situation jedoch ist jegliche Form von Stress beim Schüler hinderlich, da dann insbesondere die Exekutiven Funktionen beeinträchtigt werden, welche maßgeblich zu kognitiver Leistung, aber auch zu sozial kompetentem Handeln beitragen.

11.1 Exekutive Funktionen und Lernen

Die sogenannten *Exekutiven Funktionen* (Miyake et al. 2000), die hauptsächlich über das Frontalhirn, genauer den präfrontalen Kortex, gesteuert werden, reagieren äußerst empfindlich auf Stress. Schon eine leichte Erhöhung des Kortisolspiegels, z. B. bei Nervosität, geht mit deutlichen Leistungseinbußen der Exekutiven Funktionen einher (Diamond/Lee 2011).

Exekutive Funktionen beschreiben als Metakonzept die kognitiven Kontrollfunktionen, die man für Konzentration und klares Denken braucht, also dann, wenn impulsgeleitetes Handeln nicht angeraten ist. Zu den Kernfunktionen zählen kognitive Flexibilität, Arbeitsgedächtnis, Impulskontrolle, Selbstreflexion und Selbstmotivation. Darauf bauen die komplexeren Funktionen wie Problemlösung, logisches Denken, zielstrebiges, strategisches Handeln und Planen auf. Wissenschaftlich belegt ist, dass Exekutive Funktionen für Lernen und Schulerfolg bedeutsamer sind als der Intelligenzquotient (IQ; Diamond/Lee 2011).

Feinfühliges Pflegeverhalten von Bezugspersonen gilt als eine Voraussetzung für die optimale Entwicklung von Exekutiven Funktionen. Damit lässt sich ein positiver Zusammenhang von sicherer Bindung und gut ausgebildeten Exekutiven Funktionen ableiten. Ab dem Kindesalter werden Exekutive Funktionen durch physische Aktivität, genauer gesagt regelmäßigen Sport in der Gemeinschaft mit anderen, und eine Erziehung zur Bedachtsamkeit und Rücksichtnahme gefördert. Wichtig erscheint die längerfristige Konzentration auf eine Sache ohne Ablenkung und die Freiheit, sich bewegen zu dürfen, also nicht stundenlang still sitzen zu müssen.

Relativ einfach zu erkennen ist die Bedeutung von Exekutiven Funktionen für die soziale Kompetenz und damit für angemessenes Sozialverhalten und gelingende Beziehungen. Eine schlechte Impulskontrolle ist z. B. ein Merkmal externalisierender Störungen des Sozialverhaltens, die häufig mit einer desorganisierten Bindung einhergehen. Da auch unsichere Bindungsmuster vermehrt mit Lern- und Verhaltensproblemen, geringerer sozialer Kompetenz und schlechteren Schulnoten assoziiert sind (Moss et al. 1998; Moss/St-Laurent 2001; Wartner et al. 1994), ist eine Verknüpfung von Exekutiven Funktionen und Bindung naheliegend.

Eine freundliche und ansprechende (soziale) Umgebung unterstützt die Exekutiven Funktionen (Diamond/Lee 2011), ja sie ist sogar die wichtigste Voraussetzung für deren optimales Funktionieren. In der Schule sollte daher auf eine positive, entspannte Atmosphäre hingearbeitet werden.

11.2 Schulhunde fördern Sozialbeziehungen und Lernen

Die positive Wirkung eines Schulhundes setzt bei der Stressreduktion, der Förderung von guten Sozialbeziehungen und, darauf basierend, der Exekutiven Funktionen an. Ein freundlicher Hund trägt zu einer entspannten Atmosphäre bei. In stressauslösenden Situationen hilft der Kontakt zum Hund, Stress deutlich zu reduzieren (Beetz et al. 2011), vor allem wenn die Kinder den Hund schon gut kennen und ihn vor oder während der Situation streicheln dürfen.

Über individuelle Effekte bei einzelnen Schülern oder der Lehrkraft und auch direkt können Schulhunde zu guten Sozialbeziehungen in der Klasse, zwischen Schülern und zwischen Schüler und Lehrkraft beitragen. Hier wirken die positivere Wahrnehmung von Personen in seiner Gegenwart, der soziale Katalysator-Effekt, die Stressreduktion und alle weiteren physiologisch über das Oxytocin-System gesteuerten Effekte, sowie positivere Selbstwahrnehmung, Verbesserung der Stimmung, Steigerung von Vertrauen und Empathie sowie Reduktion von Angst. Empathie, also die Fähigkeit, sich in andere einzufühlen sowie Emotionen und Erfahrungen anderer richtig zu deuten, ist die Basis stimmiger sozialer Interaktionen. Obwohl der wissenschaftliche Nachweis für einen positiven Effekt des Schulhundes auf die Empathie gegenüber Menschen noch aussteht, ist ein solcher zu erwarten.

11.3 Bei welchen Schülern hilft ein Schulhund besonders gut?

Ein Hund kann sich positiv auf alle Schüler und Klassen auswirken. Dennoch gibt es auch besondere Indikationen für den Einsatz eines Schulhundes. Kinder mit sicheren Bindungsmustern können Klassenkameraden und Lehrer effektiv zur sozialen Unterstützung und Stressregulation nutzen. Sie sind offen dafür, sich vertrauensvoll und sicher an neue Menschen zu binden und in der Lage, von freundlichen Personen, selbst wenn noch keine enge Beziehung besteht, bezüglich der Stressregulation zu profitieren.

Anders verhält sich dies bei unsicher gebundenen Kindern. Sie können soziale Unterstützung deutlich weniger zur Stressregulation heranziehen und entwickeln wahrscheinlich aufgrund negativerer Wahrnehmung von Stresssituationen und schlechteren Sozialbeziehungen insgesamt mehr psychischen und physischen Stress in der Schule. Damit sind sie im Lernumfeld Schule deutlich benachteiligt. Nicht umsonst finden sich mehr unsicher und desorganisiert gebundene Kinder in Schulen für Erziehungshilfe und für Lernstörungen.

Es liegt demnach eine spezielle Indikation für den Einsatz eines Schulhundes in Einrichtungen für Sonderpädagogik vor und bei allen Klassen, die sich durch einen hohen Anteil an unsicher gebundenen Kindern, aber vor allem durch ungünstiges Sozialverhalten – internalisierend oder externalisierend – und ein schlechtes Klassenklima auszeichnen. Im Vergleich zu einem Menschen, der in diesem sozialen Umfeld Unterstützung geben will, kann der Hund deutlich besser zur Stressreduktion in der Klasse beitragen (Beetz et al. 2011). Damit unterstützt er die Voraussetzungen für Lernen, positives Sozialverhalten und eine bessere Integration einzelner auffälliger Kinder in die Klassengemeinschaft. Aber schon für einen einzelnen auffälligen Schüler lohnt sich der Schulhund-Einsatz, da sich insbesondere störendes Verhalten negativ auf die gesamte Klasse auswirkt. Im Rahmen der Bestrebungen zu vermehrter Integration und Inklusion von Schülern mit speziellen Bedürfnissen und Auffälligkeiten stellt der Schulhund eine besondere Chance dar und wird in diesem Bereich in der Zukunft wohl noch häufiger anzutreffen sein.

Auch wenn bei den ersten Kontakten noch keine Bindungsbeziehung besteht – und möglicherweise entwickelt sich auch nicht bei jedem Schüler im Verlauf des Schuljahres eine Bindung zum Hund – so fördert der Kontakt mit dem Hund doch die Offenheit, sich sicher zu binden (Julius et al. 2012) oder zumindest die Bereitschaft, mit Menschen in der Umgebung freundlich zu interagieren. Damit gehen die positiven psychophysiologischen Effekte und auf lange Sicht die Entwicklung von sicheren Beziehungen einher. Die Etablierung einer wirklich sicheren Bindungsbeziehung, insbesondere bei Schülern in sonderpädagogischen Einrichtungen, ist langwierig und bedarf einer einschlägigen Schulung und Supervision (s. bindungsgeleitete Interventionen, Julius 2009). Eine Veränderung des grundlegenden internalen Arbeitsmodels in Richtung Bindungssicherheit ist ein noch anspruchsvolleres Unterfangen und vorrangig in einer intensiven Psychotherapie zu erreichen.

Ähnlich wie bei Schülern kann der Schulhund auch der Lehrkraft, üblicherweise ja seine Bezugsperson und idealerweise seine Bindungsfigur, soziale Unterstützung geben und helfen, Stress zu regulieren. Lehrkräfte mit unsicherer Bindung und einem entsprechend ungünstigen internalen Arbeitsmodel von Pflegeverhalten – distanziert, überfürsorglich/vage oder dysreguliert – sollten hier in besonderem Maße profitieren. Theoretisch könnten der Kontakt zum Hund und die Effekte auf das Oxytocin-System diesen Lehrkräften helfen, offener auf die Kinder zuzugehen und feinfühliger auf sie zu reagieren. Auch wenn es hierzu noch keinerlei Daten gibt, sollte der Hund auch der Lehrkraft den Aufbau einer guten Beziehung zum Schüler erleichtern.

11.4 Hunde machen Spaß und motivieren

Obwohl wissenschaftlich bisher kaum untersucht, deuten Alltagserfahrungen mit Hunden darauf hin, dass noch weitere Faktoren beim Einsatz von Schulhunden zum Tragen kommen. Diese beziehen sich auf alle Kinder, Jugendlichen und Lehrkräfte und wirken unabhängig von Bindungserfahrungen.

- **Hunde machen Spaß**! So einfach kann und sollte man das sagen, denn das trifft auf die meisten Hunde und Tiere allgemein zu. Hunde halten sich nicht an menschliche Normen. Im Blickfeld aller liegend, gähnen sie herzhaft und seufzen laut, wenn ein Monolog mal wieder zu lange dauert und langweilt – unabhängig davon, ob gerade eine besonders bedeutende Persönlichkeit spricht. Hunde machen Dinge, die ‚man' nicht machen sollte: Sie fordern zum Spiel auf, bringen Gegenstände oder fangen selbstständig an zu explorieren. Sie sind authentisch und lockern dadurch die Schulatmosphäre auf. Das bedeutet nicht, dass sie die Schüler über ein akzeptables Maß hinaus dazu veranlassen, alle Normen zu vergessen. Aber sie erinnern Lehrer und Schüler manchmal an die eigenen Bedürfnisse, z.B. nach Pausen, und daran, Dinge nicht so ernst zu nehmen. Dass Tiere tatsächlich zu messbar mehr guter Laune und positivem Affekt, also Lachen und Freude, beitragen, zeigten schon Kaminski et al. (2002).
- **Hunde fördern positive Erfahrungen!** Neues wird im Gedächtnis besser eingespeichert, wenn es an eigene Erfahrungen und Emotionen gekoppelt wird. Emotionen geben Erfahrungen Relevanz und helfen beim Gedächtnisabruf (Beetz/von Delhaes 2011). Menschen fällt es leichter, sich an besonders positive Ereignisse zu erinnern, aber auch an besonders negative, wobei hier glücklicherweise verschiedene Mechanismen dazu beitragen, dass diese Erinnerungen (mit Ausnahme unverarbeiteter Traumata) mit der Zeit meist ‚verblassen'. Das bedeutet, dass eine besonders positive Interaktion mit dem Hund bei einer Aufgabe im Gedächtnis prä-

sent bleibt und so das Lernen und den späteren Abruf der gelernten Inhalte unterstützt. Informationen werden zudem besser verarbeitet und erinnert, wenn sie im implizit-erfahrungsgeleiteten Modus gelernt wurden (s. Olbrich 2009).

EXKURS

Implizit-erfahrungsgeleiteter und explizit-kognitiver Funktionsmodus

Epstein (1994) unterscheidet den implizit-erfahrungsgeleiteten Funktionsmodus vom explizit-kognitiven Modus. Bei Ersterem wird durch direktes Erleben, ‚Selber-Machen' und Beteiligtsein, Neues anders verarbeitet, es wird mit Emotionen verknüpft. Zu Lernendes wird im Erfahrungssystem (Schultheiss 2001) gespeichert, welches sowohl episodisches Gedächtnis (eigene Lebensgeschichte) als auch semantisches Gedächtnis (Faktenwissen) involviert. Über das Erfahrungssystem geschieht Lernen ohne große Anstrengung und ohne viele Wiederholungen einfach durch Erfahren und Verstehen. Dies wird bei beteiligtem Lernen und praktischen Projekten genutzt. Die moderne Schule bemüht sich in ihren Rahmenbedingungen, den Frontalunterricht entsprechend zu ergänzen. Dieser wird nämlich hauptsächlich im explizit-kognitiven Modus (Epstein 1994) aufgenommen, benötigt mehr Konzentration, Anstrengung und Wiederholung zum Lernen. Neues muss bewusst in das verbal-symbolische System integriert werden, braucht also meist Sprache und die Zuordnung von Symbolen (Schultheiss 2001).

Besonders ist also, dass praktische Aufgaben mit dem Hund ganz natürlich positiv emotionalisieren, beide Verarbeitungsmodi beanspruchen und somit die Speicherung von Gelerntem sowohl im Erfahrungssystem als auch verbal-symbolischen System fördern. Das wiederum sollte einen besseren Gedächtnisabruf unterstützen. Leider stehen bestätigende Befunde der Wissenschaft dazu noch aus.

- **Hunde motivieren!** In Anwesenheit des Schulhundes gehen die Kinder lieber in die Schule (Beetz 2013a) und fehlen an diesen Tagen, falls der Hund nur ein bis zwei Tage pro Woche anwesend ist, seltener im Unterricht (I. Kiesewetter, persönliches Gespräch mit der Autorin, 2010). Ebenso motiviert er dazu, an bestimmten Aufgaben, für die er gezielt eingesetzt wird, aktiv und konzentriert teilzunehmen (Gee et al. 2007, 2009, 2010a, 2010b). Hunde haben also nicht nur einen entspannenden, sondern auch einen positiv aktivierenden Effekt (Wohlfarth et al. 2013). Besonders wichtig ist das für Kinder, die aufgrund der Erfahrung, dass sie schlecht bei bestimmten Aufgaben sind, demotiviert oder generell lethargisch sind. So wie ein Tier in der Therapie therapiemüde Patienten wieder motivieren kann, sollte dies auch auf die Schule zutreffen. Insbesondere bei gezielten Förderprogrammen (Lesen, Konzentration), an denen nur Kinder mit Defiziten, die ihnen meist auch bewusst sind, teilnehmen, ist dieser Aspekt herauszustellen.

In Bezug auf den motivierenden Einfluss des Hundes sei erwähnt, dass der Wunsch nach Interaktion mit dem Tier, nicht nur als Verstärker bei einzelnen Kindern eingesetzt werden sollte. Dies funktioniert zwar bis zu einem gewissen Grad, allerdings verschenkt ein derartiger Einsatz das Potenzial des Hundes. Gemeinsam eine Aufgabe zu lösen ist motivierender und nutzt die positiven Effekte auf Entspannung, Stimmung und Exekutive Funktionen. Der individuelle Kontakt zum Hund sollte nicht ausschließlich über die erfolgte Leistung reguliert werden. Eine gelegentliche Koppelung von direkter Interaktion mit dem Hund an erfolgte Leistung, vor allem des gesamten Klassenverbands, ist dagegen vollkommen akzeptabel.

Abb. 11–12: Selbstwirksamkeit beim Apportieren

- **Hunde stärken das Selbstbewusstsein!** Ein weiterer Aspekt, der durch die Arbeit mit dem Hund gefördert wird und eng mit Motivation und positiven Erfahrungen verknüpft ist, betrifft die Selbstwirksamkeit und das Selbstwertgefühl. Schafft es das Kind, eine gute Kommunikation mit dem Tier herzustellen, sodass es z. B. bei der Kommandoarbeit folgt, bestärkt diese Erfahrung das Gefühl, etwas bewirken zu können und Einfluss zu haben. Ebenso geben die Übernahme von Versorgungsaufgaben und die grundsätzliche Möglichkeit, dem Schulhund etwas Gutes zu tun (Bürsten, Streicheln), also Pflegeverhalten zu zeigen, Kindern die Gelegenheit, Selbstwirksamkeit zu erleben. In Verbindung mit dem Gefühl des Angenommenseins stärkt die Selbstwirksamkeit auch das Selbstwertgefühl.

EXKURS

Selbstwirksamkeit

Selbstwirksamkeit beschreibt die Erwartung einer Person, aufgrund eigener Fähigkeiten eine Handlung selbst erfolgreich ausführen zu können. Dies schließt die Erwartung eines Menschen ein, etwas bewirken zu können, Einfluss auf das Geschehen nehmen und selbstständig handeln zu können – auch in schwierigen Situationen (Bandura 1977).

12 Ein Drei-Faktoren-Modell der Effekte von Hunden in der Pädagogik

Zusammenfassung

Aus den vielfältigen positiven Wirkungen von Hunden auf Menschen können Haupteffekte von Schulhunden abgeleitet und in einem Drei-Faktoren-Modell der Effekte von Hunden in der Pädagogik übersichtlich dargestellt werden. Zu den Haupteffekten, welche die Wirkung hundegestützter schulischer Interventionen im Vergleich zu nicht-tiergestützten Ansätzen ausmachen, zählen die Förderung von guten Sozialkontakten und Beziehungen, von Motivation und positiver Stimmung sowie die Reduktion von Stress. Aus diesem Modell ergeben sich auch einige Voraussetzungen, die erfüllt werden müssen, damit in der Schule solche positiven Effekte von Hunden zustande kommen können.

Bei den beschriebenen Effekten handelt es sich um Wirkungen, die sich spezifisch auf den Hund zurückführen lassen und in einer Situation ohne Hund nicht oder nur in geringerem Ausmaß zu beobachten sind. Es lassen sich folgende Wirkungen von Hunden auf Menschen beschreiben, die unter optimalen Voraussetzungen theoretisch auch auf Schulhunde übertragbar sind:

Effekte von Schulhunden und Hunden im pädagogisch-therapeutischen Kontext:

- Aktivierung des Oxytocin-Systems
- Reduktion von psychischem und physiologischem Stress
- Reduktion von Angst
- Förderung von Ruhe und Entspannung

- Förderung einer positiven Stimmung, Freude, und Spaß
- Förderung einer positiven Aufmerksamkeit und Wahrnehmung von Personen in der Anwesenheit eines Hundes
- Förderung von Vertrauen
- Förderung sozialer Interaktionen
- Förderung guter sozialer Beziehungen
- Reduktion von aggressivem Verhalten
- Förderung der Motivation (z.B. inhaltliches Lernen) und Freude am Lernen und an der Schule (Einstellung zur Schule)
- Förderung erfahrungsgeleiteten Lernens

Daraus lassen sich drei grundlegende Wirkfaktoren von Schulhunden extrahieren, die sich gegenseitig beeinflussen und sich auf die Schüler ebenso wie auf die Lehrkraft beziehen.

Drei Wirkfaktoren von Schulhunden:

- psychische und physische Stressreduktion (bzw. Herstellung eines entspannt-ruhigen, aber dennoch aktiven Zustandes)
- Förderung positiver sozialer Interaktionen und Beziehungen
- Förderung einer guten Lern-Atmosphäre: Entspannung, positiver Affekt und Motivation

Der Schulhund wirkt zum einen auf das Individuum, zum anderen, durch seinen Einfluss auf die Beziehung zwischen Schülern und zwischen Schülern und Lehrer, auf die gesamte Klassengemeinschaft und das Klassenklima. Die soziale Wirkung entfaltet sich immer in der Triade Hund-Schüler-Lehrkraft oder Hund-Schüler-Schüler. Da optimales Lernen die Freiheit von Angst und Stress, eine positive Stimmung, eine motivierende Lern-Atmosphäre und einen guten sozialen Beziehungskontext voraussetzt (Bauer 2008), kann der Schulhund indirekt auch zum leichteren Lernen beitragen. Ein Schulhund unterstützt demnach die beiden großen Zielsetzungen von Pädagogik – Erziehung und Bildung.

Auf Basis der bisherigen Ausführungen wurde das folgende *Drei-Faktoren-Modell*, auch LABS-Modell (Lernatmosphäre – Beziehungsförderung – Stressreduktion) genannt, zur positiven Wirkung von Schulhunden entwickelt.

Um eine optimale Wirkung beim Einsatz von Schulhunden zu erzielen, müssen jedoch bestimmte Voraussetzungen erfüllt sein.

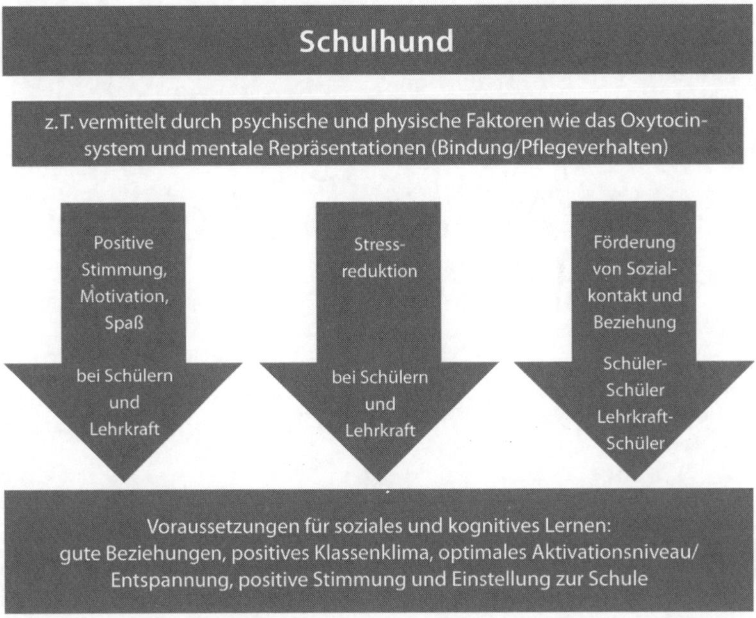

Abb. 13: Das Drei-Faktoren-Modell der positiven Wirkung von Schulhunden

Voraussetzungen für die Wirkung von Schulhunden:

- Eignung des Hundes, weitgehende Stressfreiheit und Gesundheit;
- gute Beziehung von Lehrkraft und Hund – nur wenn diese vorliegt, können sich Hund und Lehrkraft gegenseitig effektiv bei Stress unterstützen und den Kindern ein Modell für eine vertrauensvolle Beziehung sein. Die Lehrkraft muss sich auf den Hund verlassen können, da ein Hund, auf den man ständig ein Auge haben muss, eher zu vermehrtem anstatt vermindertem Stress bei der Lehrkraft beiträgt. Nur wenn die Lehrkraft ihren Hund gut kennt, bemerkt sie Stresssignale beim Tier sofort;
- Offenheit der Schüler für die Anwesenheit eines Hundes in der Klasse – Kinder, die Angst vor Hunden haben, müssen die Gelegenheit bekommen, diese abzubauen. Die genannten positiven Effekte hängen immer von einer positiven Einstellung gegenüber Hunden ab. Eine Hundephobie oder ausgeprägte -allergie sind eindeutige Kontraindikationen für den Einsatz des Schulhundes, da sie Angst und Stress beim Kind verstärken;
- weitgehende Akzeptanz im schulischen Umfeld, d. h. durch den Rektor, die Eltern und die Kollegen, um gute Rahmenbedingungen für den Hund und die dazugehörige Lehrkraft zu bieten.

13 Empfehlungen für die Arbeit mit Schulhunden

Zusammenfassung

Aus den dargestellten wissenschaftlichen Grundlagen und dem Drei-Faktoren-Modell leiten sich verschiedene Empfehlungen für die Arbeit mit einem Hund in der Schule ab. Zum einen muss der Hund sich natürlich verhalten dürfen, zum anderen ist vor allem die freie Interaktion mit dem Hund für die Schüler besonders wertvoll. Darüber hinaus ist zu beachten, dass diese wirkungsvolle pädagogische Methode auch Risiken birgt, wie z. B. eine möglicherweise gesteigerte Empfindlichkeit in Bezug auf Zurückweisung bei den Schülern, sodass besonders feinfühliges Agieren von der Schulhund-Lehrkraft erforderlich ist. Wenn diese Punkte beachtet werden, kann ein Schulhund erstaunliche Wirkungen in einer Klasse entfalten und pädagogisch wertvoll eingesetzt werden.

Ohne an dieser Stelle detailliert auf die Praxis mit Schulhunden einzugehen, ergeben sich aus den bisherigen Ausführungen neben den oben genannten Voraussetzungen folgende Implikationen für die hundegestützte Pädagogik.

1. Die freie Interaktion zwischen Schülern und Hund sollte über längere Zeit gegeben sein. Natürlich braucht es dafür bestimmte Regeln im Umgang mit dem Hund. Meist sieht es so aus, dass die Kinder an ihrem Platz ihren Aufgaben nachgehen, während der Hund von sich aus Kontakt aufnehmen kann, wenn er das möchte. Es sollte zusätzlich die Möglichkeit bestehen, dass auch Schüler den Kontakt zum Hund initiieren und in einem

Ausmaß, das der Hund als angenehm empfindet, Gelegenheit zum Körperkontakt mit ihm bekommen.

2. Um Schülern mit besonderen Bedürfnissen gerecht zu werden und Effekte gezielt herauszuarbeiten, können pädagogische Ansätze in Kleingruppen bzw. Einzelarbeit im Klassenverband mit dem Hund verfolgt werden (Vanek-Gullner 2002a, 2002b, 2007). Zielsetzung einer solchen individuellen Arbeit ist es, dem Schüler die Gelegenheit zu geben, das Tier, die Beziehung zur Lehrkraft und sich selbst differenzierter wahrzunehmen und diese Erfahrungen auf die Klassengemeinschaft zu übertragen.
3. So positiv die Arbeit mit dem Schulhund ist, so birgt sie doch auch mögliche Risiken. Damit sind weniger hygienische Belange oder direkte Gefährdungen durch den Hund (z.B. Bissverletzung) gemeint, welche selbstverständlich zu minimieren sind. Vielmehr bergen die potenziellen Veränderungen im Oxytocin-System auch die Gefahr, dass ein Schüler, der offener und vertrauensvoller in Sozialbeziehungen wird (Julius et al. 2012), auch verletzlicher für Zurückweisungen werden kann. Daher sollte die Lehrkraft darauf achten, dass sie besonders feinfühlig auf schwierige Schüler eingeht, wenn der Hund dabei ist, und dafür sorgen, dass in der Klasse ein wertschätzender Umgang gepflegt wird.
4. Der Hund sollte wirklich Hund sein dürfen. Um die Atmosphäre auflockern und zum Spaß beitragen zu können, muss er relativ frei agieren dürfen, solange es sich in akzeptablen Grenzen bewegt. Gerade spontanes Verhalten des Hundes trägt zum Spaßfaktor bei, und ein wenig mehr Spaß in der Schule – auch durch rein pädagogisch motiviertes Herumalbern mit dem Hund – kann nicht schaden.
5. In den Unterricht sollten Aufgaben mit dem Hund eingebaut werden, die emotional positives Erfahrungslernen erlauben (s. Übungsideen in → Kap. 14) .
6. Der Klassenraum sollte so gestaltet sein, dass der Hund einen ruhigen Rückzugsort hat, sich aber auch in den Sichtbereich der Schüler legen kann, wenn er das mag, um den Biophilie-Effekt zu fördern.
7. Die Lehrkraft sollte mit dem Hund außerhalb des Unterrichts ausgleichende Aktivitäten ausüben, um Stressbelastung durch den Schuleinsatz auszugleichen und abzupuffern und um die eigene Beziehung zu ihm zu festigen.

Ganz klar birgt der Einsatz von Hunden in der Schule das Potenzial, auf verschiedensten Ebenen Positives für die Schüler und die Klassengemeinschaft zu bewirken. Bei genauerer Betrachtung finden sich jedoch Faktoren, die das

Lernumfeld Schule genauso oder sogar noch stärker beeinflussen. Ein ungünstiger persönlicher Unterrichts- und sozialer Interaktionsstil der Lehrkraft sowie das Zusammenwirken auffallender Persönlichkeiten und Verhaltenstendenzen der Schüler sind hier besonders herauszustellen. Selbst der beste Schulhund kann ungünstige Einflüsse dieser Art nicht vollständig ausgleichen, da auch sein Potenzial durch diese Faktoren massiv eingeschränkt wird.

Schule geht natürlich auch ohne Hund – aber schöner und einfacher geht es mit. Die Mehrzahl der Schüler heute und in Zukunft lernt ohne Hund in der Schule – mehr oder eben auch weniger – erfolgreich. Kritiker nehmen dies z.T. als Argument gegen den Einsatz von Schulhunden, den sie oft abfällig mit dem Begriff der ‚Kuschel-Pädagogik' als pädagogisch wenig wertvoll einstufen.

Der hier vorgestellte Überblick über Daten und theoretische Überlegungen zur positiven Wirkung von Schulhunden soll dazu dienen, diesen Begriff positiv umzudeuten. Pädagogik, die eine gute Atmosphäre schafft und allen Schülern positiven Körperkontakt, also ‚Kuscheln', über den Hund ermöglicht, bietet viele Vorteile. Der Annahme fehlender Disziplin bei diesem hundegestützten Ansatz steht entgegen, dass die Arbeit mit einem Hund immer auf ganz natürliche Weise das Einhalten von Regeln, liebevolle Konsequenz und gelassene Autorität bedingt.

FAZIT

Sicherlich gibt es viele Wege zu einem gelungenen Schülerleben – der Schulhund ist einer davon, aber wohl einer mit einem äußerst hohen Potenzial, gerade im Hinblick auf den wachsenden sonderpädagogischen Förderbedarf und die zunehmende Erziehungsarbeit in Schulen. Schon weil nicht alle Lehrer Hunde mögen oder halten können und weil nicht alle Hunde für diese Arbeit geeignet sind, wird sich die Anzahl der Schulhund-Lehrkraft-Teams auch in Zukunft in Grenzen halten. Wenn allerdings die Rahmenbedingungen erfüllt sind, trägt ein Schulhund relativ einfach aber bedeutsam zu vielen Voraussetzungen für Erziehung und Lernen bei. Von den positiven Wirkungen profitieren grundsätzlich alle Schüler und Lehrkräfte, aber insbesondere schwierige Klassen und Kinder mit unsicheren Bindungsmustern sowie besonderem Förderbedarf.

14 Verschiedene Ansätze der hundegestützten Arbeit

Zusammenfassung

Heute werden Hunde in vielfältiger Weise in der Schule eingesetzt. Konkret lassen sich bei der Arbeit drei verschiedene Einsatzformen unterscheiden: *Präsenz und Kontakt*, die *aktive Beteiligung an bestimmten Übungen* und die *Arbeit mit dem Hund als eigentliche Aufgabe*. Für jeden der Ansätze gibt es verschiedenste Übungsmöglichkeiten, welche je nach pädagogischer Zielsetzung, wie Förderung von Entspannung, Sozialverhalten, Motivation oder Exekutiven Funktionen, und je nach schulischem Kontext mehr oder weniger zur Anwendung kommen.

Wie kann ein Schulhund konkret in verschiedenen Altersklassen und Schularten zur Erreichung bestimmter pädagogischer Ziele sowie zur Förderung sozialer Kompetenzen der Schüler eingesetzt werden? Bei der Beantwortung dieser Frage geht es weniger um die Beschreibung verschiedener Übungen, denn im Finden eines eigenen, zu Klasse und Hund passenden Weges sind der Kreativität der Lehrkräfte kaum Grenzen gesetzt. Zudem liegen bereits einige gut durchdachte Aufgabensammlungen mit Beschreibung zur direkten Umsetzung vor (Agsten et al. 2011; Heyer/Kloke 2011). Vielmehr werden die Funktionen des Hundes in bestimmten Formen seines Einsatzes beschrieben und worauf im jeweiligen Fall besonders zu achten ist. Die hier vorgestellte Einteilung soll zur Strukturierung genereller Überlegungen für den individuellen Einsatz dienen, welche erlauben, übergeordnete pädagogische Ziele, wie z. B. Förderung der Entspannung im Gegensatz zur

Förderung Exekutiver Funktionen, durch verschiedene Einsatzformen und Übungen zu erreichen. Die Einhaltung der grundlegenden Richtlinien zum Schulhundeeinsatz wird dafür vorausgesetzt (→ Kap. 4).

Die drei folgenden grundlegenden Ansätze lassen sich beim direkten Einsatz des Schulhundes mit dem Ziel, die zuvor beschriebenen Effekte von Hunden zu nutzen, unterscheiden:

1. **Präsenz-Kontakt:** Der Hund ist im Wesentlichen einfach nur anwesend, kann sich nach Belieben frei in der Klasse bewegen und der Kontakt zu ihm ist möglich. Vorrangiges Ziel ist die Verbesserung der psychologischen und physiologischen Entspannung und des Sozialverhaltens der Schüler sowie der Atmosphäre in der Klasse. Es werden hierfür kaum bestimmte Übungen durchgeführt, sondern es erfolgt der übliche Unterricht, wobei damit vor allem die Voraussetzungen für das Lernen mit den üblichen Lehrmethoden (im expliziten oder impliziten Funktionsmodus) geschaffen bzw. verbessert werden. In diesem Präsenz-Kontakt-Modus wird im häufigen oder langen Schulhundeeinsatz die meiste Zeit verbracht. Gezielte Übungen mit Kontakt werden v.a. im Bereich der Therapie und Sonderpädagogik eingesetzt.
2. **Aktive Beteiligung:** Der Hund wird gezielt in bestimmte Aufgaben eingebunden, z. B. in den Mathematikunterricht über das Apportieren von Kärtchen mit Rechenaufgaben, allgemein für das Austeilen von Übungsmaterialien o.ä. Vorrangiges Ziel dieses Einsatzes ist die Steigerung der Motivation und der Freude an den eigentlichen Aufgaben, die inhaltlich und in der Ausführung dem üblichen Unterricht entsprechen, z. B. dem Lösen der Aufgabe an der Tafel, Lesen oder Rechnen. Da dieser Ansatz mehr Konzentration und Aktivität vom Hund fordert, ist er im Durchschnitt anstrengender und wird daher nur für kürzere Unterrichtseinheiten verfolgt.
3. **Direkte Arbeit mit dem Hund:** Hierbei werden keine anderweitigen Inhalte wie Rechnen oder Lesen bearbeitet, sondern die Arbeit mit dem Hund, z. B. Kommandoarbeit, Spazierenführen, Versorgung/Pflege oder Agility-Parcours, ist die eigentliche Aufgabe. Allgemein gefasst liegt das Ziel dabei darin, entweder die Selbstwahrnehmung der Schüler oder ihre Exekutiven Funktionen zu trainieren. Darunter fallen z. B. die Impulskontrolle und die Konzentration bei der Kommandoarbeit, ebenso wie das Arbeitsgedächtnis bei der Planung und dem Absolvieren bestimmter Parcours sowie Übungen zum Grundgehorsam. Je nach Alter können komplexere Aufgabenstellungen, etwa dem Hund etwas Neues beibrin-

gen (z.B. über eine Wippe gehen), auch das strategische Planen und höhere Exekutive Funktionen einbeziehen. Im Vergleich zur Arbeit mit üblichen Unterrichtsinhalten, die überwiegend den expliziten Funktionsmodus und verbal-symbolische Verarbeitung erfordern, nutzt dieser Ansatz vorrangig erfahrungsgeleitetes Lernen im impliziten Funktionsmodus. Das Training der Exekutiven Funktionen geschieht für die Kinder weitgehend unbewusst, aber sehr effektiv, sie sind von sich aus meist motiviert und aufmerksam bei der Sache. Daher eignet sich dieser Ansatz gerade für Kinder, die zwar Defizite in den Exekutiven Funktionen haben, aber der üblichen Trainingsprogramme schon müde sind (s. auch vergleichbare Ansätze in der tiergestützten Therapie, Fine 2006). So ermöglicht die direkte Arbeit mit dem Hund auch Selbstwahrnehmung und Selbstreflexion (z.B. Individualkontakt mit dem Hund: Beobachten der Reaktionen auf Streicheln und Reflektieren eigener Bedürfnisse; Vanek-Gullner 2007). Ähnlich werden bei Versorgungsaufgaben rund um den Hund (z.B. Wasser bereitstellen, Decke zurechtlegen) ‚ganz von selbst' Verantwortung, Selbstdisziplin und Zuverlässigkeit gefördert. Das Training der gewünschten Kompetenzen ist bei diesem Ansatz aufgabenimmanent. Da eine solch intensive Arbeit mit einer Person oder wenigen Personen gleichzeitig oder in Folge für den Hund durchaus anstrengend ist, sollte sie nur über kurze Zeitspannen erfolgen bzw. sollte für entsprechende Pausen gesorgt sein. Gewöhnlich sollen intensive Trainingseinheiten bei Hunden zehn Minuten nicht übersteigen und auf jeden Fall mit einem positiven Erfolgserlebnis für das Kind und den Hund enden (K. Kotrschal, persönliches Gespräch mit der Autorin, 2012). Seine volle Funktion kann der Schulhund nur dann erfüllen, wenn er nicht als Mittel zum Zweck betrachtet wird, sondern als vollwertiger Partner mit eigenen Bedürfnissen und einem Recht auf Aufmerksamkeit.

Dazu kommen noch zwei weitere Ansätze, welche aber vorrangig den Motivationseffekt nutzen, der rund um das Thema Hund entstehen kann: Zum einen kann der Hund als direktes *Anschauungsmaterial* für die Vermittlung von Wissen über Hunde oder Tiere im Allgemeinen dienen. Zum anderen kann auch zum Thema gearbeitet werden, wenn *der Hund gar nicht anwesend ist*. So können die Verhaltensregeln schon vor dem Schulhundbesuch erarbeitet werden, ebenso wie Prinzipien des Umgangs mit dem Hund. An Tagen ohne Schulhund können im Kunstunterricht Bilder vom Hund gemalt oder in Hauswirtschaft Hundekekse gebacken werden.

Unterricht mit dem Schulhund kann auch nach der Unterrichtssituation kategorisiert werden, etwa nach dem Einsatz des Hundes im regulären oder dem gezielten hundegestützten Unterricht (z. B. mithilfe des Ansatzes *Präsenz-Kontakt* oder *Aktive Beteiligung*) sowie nach der Arbeit mit der Klasse, Kleingruppen oder einzelnen Schülern (Agsten et al. 2011).

Für jeden der drei Hauptansätze gibt es verschiedene Übungen, welche das gewünschte Ziel – Entspannung, Motivation, Konzentration oder Förderung Exekutiver Funktionen – ähnlich gut erreichen können. Dabei wird nach Vorlieben und Fähigkeiten des Hundes ausgewählt.

Der Einsatz über Präsenz-Kontakt erfordert keine spezielle Ausbildung des Hundes, die über den Grundgehorsam, die Gewöhnung an die Schule und ein geeignetes Wesen hinausgeht. Bei den anderen Ansätzen sind, mit der Ausnahme von Versorgungs- und Kommandoarbeit im Grundgehorsam, speziell trainierte Fähigkeiten von Vorteil, wie z. B. Apportieren, Tricks oder das interessierte Herangehen an neue Situationen so wie es etwa generell mittels Klicker oder speziell in der Agility-Ausbildung trainiert wird.

Praxisidee

Übungen zu Präsenz und Kontakt

Wie bereits erwähnt, kann dieser Ansatz auch ohne bestimmte Übungen dadurch verfolgt werden, dass der Hund einfach im Klassenzimmer anwesend ist und frei mit den Kindern interagieren kann. Möchte man dennoch etwas gezielter arbeiten, kann darauf geachtet werden, dass der Hund eher im Blickfeld der Schüler bzw. auch zwischen den Schülern liegt. Das ist für die meisten Hunde akzeptabel, wenn sich die Klasse regelgerecht verhält. Günstig ist eine Anordnung der Tische, welche einen freien Platz zum Liegen, aber auch für Übungen in der Mitte lässt, z. B. eine U-Form. Der offizielle Ruheplatz des Hundes dagegen sollte in einem ruhigen äußeren Bereich des Klassenzimmers liegen.

Kontakt, und hiermit ist Körperkontakt gemeint, lässt sich natürlich gezielt herstellen. Je nach Absprache mit der Klasse kann es Kindern erlaubt sein, den Hund im Unterricht leise zu sich zu rufen, um ihn dann, solange der Hund es möchte, neben sich zu haben und zu streicheln oder einfach nur zu berühren (z. B. auch mit dem Fuß). Allerdings gestaltet sich das in großen Klassen schwierig und teilweise kann es zu Konkurrenz unter den Schülern um den Kontakt kommen. Anderweitig bietet es sich an, dass der Hundedienst, der regelmäßig (z. B. wöchentlich) wechselt, bestimmte Zeiten für Körperpflege und Kuscheln zur Verfügung hat. Das kann Bürsten oder Massieren des Hundes beinhalten oder einfach nur bei ihm sitzen und streicheln. Günstig ist es hierfür natürlich, wenn der Hund es von sich aus genießt oder zumindest für einige Minuten auf freundliche Aufforderung der Lehrkraft bei den Kindern liegen bleibt.

In der Arbeit mit einzelnen Schülern oder Zweiergruppen können im Körperkontakt zum Hund auch Achtsamkeitsübungen, also z. B. Übungen zur Wahrnehmung von Berühren und Berührtwerden, durchgeführt werden. Dabei reflektiert die Lehrkraft zusammen mit den Kindern, die den Hund berühren, bei ihm am Boden liegen, seinen Atem spüren oder ihn streicheln, was sich gut anfühlt und was nicht. Auch kann, wenn das Kind das schön findet, ein Leckerli auf den Hals oder die Stirn gelegt werden, das der Hund dann vorsichtig abnimmt. Der Kontakt mit dem Hund kann als Anlass zur Reflexion eigener Bedürfnisse, z. B. nach Kontakt und Nähe, dienen. Gerade in der Sonderpädagogik oder in der Arbeit mit vernachlässigten oder misshandelten Kindern ist diese gezielte Kontaktarbeit besonders wertvoll (Vanek-Gullner 2007). Da Kinder bei dieser Art der Arbeit oft sehr emotional werden und möglicherweise angstauslösende, belastende Themen ansprechen, muss die Lehrkraft oder der Therapeut das entsprechend auffangen können. Auch für die physiologische Entspannung eines Kindes, z. B. mit körperlicher Behinderung, ist der Körperkontakt über Streicheln oder Kontaktliegen in der Einzelarbeit oder Therapie zu empfehlen.

Je nach Auffälligkeiten des Kindes kann selbst ein Kontakt von wenigen Minuten oder kürzer sehr anstrengend für den Hund sein. Subtile Aggressionen, Ängstlichkeit und starke körperliche Anspannung spürt das Tier und muss im engen Kontakt damit zurechtkommen. Daher sind solche Einheiten (je nach Sensibilität des Hundes) kurz zu halten, und der Hund sollte die Möglichkeit haben, selbst aus der Situation herauszugehen. Nie sollte der Hund gezwungen werden, den Kontakt viel länger, als er das möchte, auszuhalten. Ist der Hund angespannt, wird er ohnehin nur wenig zur Entspannung und dem Wohlbefinden des Kindes beitragen.

Praxisidee

Übungen mit aktiver Beteiligung des Hundes

Da es für diesen Ansatz bereits die meisten Beschreibungen gibt, werden nur einige Beispiele für verschiedene Hundetypen mit spezifischen Fähigkeiten (Apportieren, Tricks, Grundgehorsam) vorgestellt. Meist lassen sich die Ideen für verschiedenste Unterrichtsfächer umsetzen.

So können z. B. Karten/Blätter mit Antworten zu verschiedenen Fragen im Klassenzimmer auf dem Boden verteilt werden. Ein Schüler soll dann eine Aufgabe lösen und die entsprechende Antwortkarte mit der richtigen Lösung finden. Das kann im Mathematikunterricht die Aufgabe sein: „Was ist 25 : 5?" Antwortkarten mit Zahlen von eins bis zehn liegen im Klassenzimmer aus. Im Englischunterricht können Fragen zum Wortschatz verwendet werden. Aufgaben mit entsprechenden Antworten finden sich für jedes Fach. Hat das Kind die richtige Antwort gefunden, darf es ein Leckerli auf das Lösungsblatt legen, dann zum Hund gehen, der warten musste, und ihn mit dem Kommando „Such!" schicken (Agsten et al. 2011, 84). Der Hund benötigt hierfür hauptsächlich Grundgehorsam, muss also warten können und den Such-Befehl kennen.

Kann der Schulhund zuverlässig Apportieren, so kann man ihn z. B. die Aufgaben für den Schüler auswählen und bringen lassen. Dabei können direkt die Aufgabenkärtchen apportiert werden, die so präpariert sind (z. B. mit aufgeklebten Korken auf der Rückseite), dass der Hund sie aufnehmen kann. Oder es sind mehrere Stoffsäckchen, Mini-Dummies o.ä. mit Ziffern versehen vor der Tafel verteilt, aus denen der Hund auf Befehl selbstständig eines aussucht und dem Schüler bringt. Die Ziffer bezeichnet die Nummer der zu lösenden Aufgabe auf dem Arbeitsblatt (Agsten et al. 2011, 98 f). Möchte man ähnlich arbeiten, aber der Hund apportiert nicht zuverlässig, können die Aufgabenkärtchen auch in einen Hunderucksack gepackt werden, aus dem der Schüler, der den Hund per Kommando zu sich gerufen hat, blind eines ziehen darf. Je nach Ausbildung des Hundes können Aufgaben auf vielfältige Weise ausgewählt, z. B. ausgewürfelt, werden.

Ziel der Übungen mit aktiver Beteiligung des Hundes ist, den Spaß an den Aufgaben zu fördern. Natürlich kommt auch etwas von der direkten Arbeit mit dem Hund vor, da meist ein Kommando und eine Belohnung des Hundes vom Kind gefordert werden.

Praxis-idee

Übungen mit aktiver Beteiligung des Hundes

Bei der direkten Arbeit mit dem Hund können sowohl der Grundgehorsam (Sitz, Platz, Bei-Fuß-Gehen, Bleiben etc.) genutzt werden, als auch spezielle Fähigkeiten wie Dummy-Arbeit, Suchen und Apportieren von Gegenständen oder Personen, Agility-Übungen oder Tricks (Leckerli aus der Luft fangen, Rolle machen, sich schämen, Slalom durch die Beine o.ä.). Schon das ruhige Geben von Kommandos, welches eine eindeutige Körpersprache erfordert, übt den verbalen Ausdruck, Körperbeherrschung sowie Impulskontrolle und fördert zudem die Selbstwirksamkeit. Übungen wie das Führen an zwei Leinen von zwei Schülern erfordern Koordination und Kooperation. Bei der Arbeit mit zwei Kindern kann eines z. B. ein Spielzeug verstecken, während das andere Kind den Hund ablenkt und ihn dann auf die Suche schickt.

Noch mehr Koordination, Körperbeherrschung und Koordination fordern Agility-Übungen, welche sich z. B. im Sportunterricht oder in der Nachmittagsbetreuung bei der Nutzung großflächigerer Räumlichkeiten anbieten. Einzeln oder zu zweit planen die Schüler einen Parcours, z. B. bestehend aus einer Hürde, einem Tunnel, einem Slalom und noch einer Hürde. Diesen Parcours gehen die Kinder selbst zuerst alleine ab (d. h. sie springen über Hürden und kriechen durch den Tunnel etc.). Dann läuft ein Kind mit dem Hund den Parcours ab, wobei es das Loben des Tieres bei jeder erfüllten Aufgabe nicht vergessen sollte. Danach kommt das andere Kind an die Reihe.

Im Rahmen von Apportier-Arbeit (z. B. mit Dummies) legt z. B. ein Kind zwei Dummies versteckt aus (am Sportplatz, in der Turnhalle oder im Klassenzimmer), während das andere Kind den Hund ablenkt. Dann können die Kinder den Hund abwechselnd Suchen schicken. Je nach Möglichkeiten der Kinder und dem Ausbildungsstand des Hundes können auch schwierigere Übungen aus der Dummy-Arbeit erarbeitet werden.

Besondere Tricks machen Hund und Kindern Spaß und erfordern durchaus Koordination. So kann der Hund darauf trainiert sein, durch Bein-Tunnel von einem bis zu mehreren Kindern zu gehen, in Achten um die Beine eines breitbeinig stehenden Schülers zu laufen oder sich in Schlangenlinien beim gehenden Kind durch die Beine zu ‚weben'. Je mehr Bewegung der beiden Partner, Hund und Kind, die Aufgabe erfordert, desto mehr übt sie die feine zeitliche Abstimmung, also die Synchronizität, von Kind und Hund.

Voraussetzung für diese Art der direkten Arbeit ist, dass der Hund die eigentlichen Aufgaben sicher beherrscht, sodass er bei richtigem Kommando und korrektem nonverbalem Ausdruck die Aufgabe zuverlässig ausführt. Sonst kommt es schnell zu Frustration bei Kind und Hund.

Praxis-idee

Hundegestützte Pädagogik ganz ohne Hund

Natürlich kann man über den Hund am besten lernen, wenn man ihn direkt beobachten und ‚begreifen' darf. So können Kinder gut beobachten, dass ein Hund anders trinkt als ein Mensch (oder ein Pferd), wenn der Hund aus einem durchsichtigen Wassernapf oder Eimer trinken darf (Agsten et al. 2011). Oder ein Schüler darf beim auf der Seite liegenden Hund zählen, wie viele Krallen, Zitzen o.ä. er hat. Lustig sind für Kinder auch Übungen, bei denen sie versuchen sollen, so wie ein Hund zu trinken, zu essen, sich zu bewegen oder Aufgaben auszuführen (Leckerli/Gummibärchen unter Becher hervorzubekommen ohne die Hände, sondern nur die Nase zu benutzen).

Praxis-idee

Hundegestützte Pädagogik ganz ohne Hund

Rund um das Thema Hund zu arbeiten, ohne dass ein echter Hund dabei ist, ist einfach, solange regelmäßiger Hundekontakt in der Schule besteht und der Hund eventuell auch etwas von diesen Anstrengungen der Kinder hat (z. B. selbst gebackene Hundekekse, eine Hundehütte, eine Geschicklichkeitsspielbox, aus der er Leckerli auf bestimmte Art und Weise herausbekommen muss etc.). Dann arbeiten die Schüler auch gerne und motiviert mit. Aufgaben lassen sich in allen Fächern ansiedeln (s. Agsten et al. 2011). So können die Schüler ihren Schulhund im Kunstunterricht malen, Geschichten zu Hunden im Deutschunterricht lesen und vieles mehr.

Während viele verschiedene Aufgaben mit dem Schulhund möglich sind, gibt es auch einiges, was man erfahrungsgemäß besser vermeiden sollte. Gerade bei Hunden, die im Aktivitätsgrad sehr schnell ‚hochfahren', sollten einige Aktionen unterbleiben. Dazu zählt jegliche Art von Zerrspielen (mit Seil, Handtuch o.ä.), vor allem in den unteren Klassenstufen. Überhaupt sollte der Schulhund nie, auch nicht im Spiel, in den Konflikt kommen, dass ein Kind ihm etwas wegnimmt, ohne dass er es beim Apportieren freiwillig abgibt. Weiterhin sollte sich die Lehrkraft überlegen, ob Quietsch-Spielzeuge wirklich geeignet sind. Spielt der Hund damit gelassen, sind diese für wenige Übungen sicher akzeptabel. Doch einige Hunde reagieren mit hoher Aktivierung auf das Quietschen. Das widerspricht zum einen dem Entspannungseffekt in der Klasse, zum anderen sind auch Schüler und Lehrer in anderen Klassenzimmern nicht immer erfreut über eine häufigere Lärmbelästigung.

Zum Weiterlesen

Agsten, L., Führing, P. und Windscheif, M. (2011). Praxisbuch HuPäSch. Ideen und Übungen zur Hundegestützten Pädagogik in der Schule. Norderstedt, Books on Demand-Verlag.

Heyer, M. und Kloke, N. (2011). Der Schulhund. Eine Praxisanleitung zur hundegestützten Pädagogik im Klassenzimmer. Nerdlen/Daun, Kynos-Verlag.

Vanek-Gullner, A. (2007). Lehrer auf vier Pfoten. Theorie und Praxis der hundegestützten Pädagogik. Wien, obv & hpt.

15 Der Schulhund in unterschiedlichen Schulformen und Einsatzfeldern

Zusammenfassung

Wie die Praxis und auch die ersten wissenschaftlichen Befunde zeigen, kann ein gut ausgebildeter Hund die entsprechende Fachkraft bei der Erreichung ihrer pädagogisch-therapeutischen Ziele in jeder der folgenden Schulformen und in verschiedenen Einsatzbereichen effektiv unterstützen: Grundschule, Haupt-/Mittelschule, Realschule/Gymnasium, Nachmittagsbetreuung, sonderpädagogischer Kontext, Therapie, Leseförderung, Konzentrationstraining, Empathie-/Soziales Kompetenz-Training, Berufsschule, Jugendsozialarbeit an Schulen, Schulbesuchshund und in der Schulpsychologie.

Der Schulhund wird heute in den verschiedensten Schulformen, von der Grundschule bis zur Berufsschule, und Bereichen, von der Nachmittagsbetreuung bis hin zu speziellen Förderprogrammen, eingesetzt. In jedem dieser Bereiche ist sein Einsatz sinnvoll, wobei auf Verschiedenes geachtet werden muss und bestimmte Einsatzformen besonders geeignet sind.

15.1 Der Hund in der Grundschule

Gerade bei Grundschülern ist die Vorbereitung des Projekts zusammen mit der Klasse wichtig. Den Kindern müssen zum einen Grundlagen über Hunde, ihre Sinne und ihr Verhalten, vermittelt werden, zum anderen müssen verbindliche Regeln eingeführt und erklärt werden.

In der Grundschule muss der Hund in besonderem Maße geeignet sein, da viele Eigenheiten, die ältere bzw. verständigere Schüler ausgleichen können (z.B. gelegentliches Anspringen bei Freude) für kleinere Kinder mit einem höheren Risiko verbunden sind. Der Hund sollte natürlich Kinder dieser Altersstufe mögen und ein sehr ausgeglichenes Wesen besitzen. Da es trotz aller Regeln in der Praxis vorkommt, dass doch mehrere Kinder auch einmal gleichzeitig ‚am Hund' sind (z.B. im Übergang zu oder von der Pause), sollte er dies zumindest kurzfristig verkraften können. Ebenso sollte er gelassen auf zeitweiligen Lärm, gerade hochfrequentes Schreien, das auf bestimmte Hunde besonders aktivierend wirkt, und schnelle Bewegungen (Rennen) reagieren. Man benötigt also Hunde mit relativ hoher Reizschwelle, was gerade auf viele moderne Arbeits- und Jagdhunderassen kaum zutrifft. Ein gelassener, selbstbewusster Hund, der nicht überfordert ist, wird in der Regel weder hektisch umherlaufen noch sich in eine Ecke zurückziehen, sondern von sich aus öfters im Blickfeld der Kinder liegen, was gerade für junge Schüler besonders motivierend und entspannend ist.

Von Vorteil ist es, wenn die Lehrkraft als Klassenleitung fungiert und nur wenige Stunden in anderen Klassen unterrichtet. Für diese Zeit muss dann entweder die Genehmigung dieser Schüler und ihrer Erziehungsberechtigten eingeholt oder der Hund anderweitig untergebracht werden. Je nach Wesen des Hundes kann der stundenweise Wechsel zu einer weiteren Klasse durchaus belastend sein.

Besonders junge und in der Entwicklung ihrer sozialen und kognitiven Fähigkeiten diesem Stand entsprechende Schüler sollten nie allein mit dem Hund gelassen werden, auch nicht für kurze Zeit – das ist oberstes Gebot und dient dem Schutz der Kinder und des Hundes.

Aufgaben rund um den Hund werden üblicherweise von einem abwechselnd eingeteilten Hundedienst aus je zwei Schülern gerne erfüllt (Wasser, Decke bereitstellen, Schulhund-Schild an Anwesenheitstagen an die Klassenzimmertür hängen o.ä.). Selbst zögerliche Kinder können hier ihre Kompetenz als Versorger beweisen und lernen Zuverlässigkeit und Verantwortung. Besonders beliebt in der Klasse sind natürlich Aufgaben, bei denen der Schulhund aktiv eingesetzt wird. Zur Motivation für die gesamte Klasse können spezielle Tricks mit dem Hund nach getaner Arbeit auch als Belohnung genutzt werden (→ Kap. 14). Kinder können sich für besonders ordentliche Arbeitsblätter als Belohnung anstelle von Stempeln oder Sternchen auch Leckerli für den Hund verdienen. Eine zu häufige Koppelung von Kontakt mit dem Hund an individuell erbrachte Leistung ist jedoch zu vermeiden, um schlechtere Schüler nicht zusätzlich zu demotivieren. Sie sollten eher die Gelegenheit erhalten, bei der Aufgabenbearbeitung selbst in Kontakt mit dem Tier zu treten (Blickfeld, Streicheln), um über Entspannung die Exekutiven Funktionen (Konzentration, Selbstkontrolle) und somit die Leistung zu verbessern.

15.2 Der Hund in der Mittel- und Hauptschule

Auch bei etwas älteren Kindern kommt der Schulhund hervorragend an. Selbst Jungen in der Pubertät können über den Hund freundlichen Körperkontakt erleben, und ihr Image leidet nicht, wenn sie rücksichtsvoll und freundschaftlich mit dem Hund umgehen und sich ihm zuliebe sozial verträglicher und kommunikativer verhalten. Regeln für den Umgang mit dem Hund sind in dieser Altersstufe für einen reibungslosen Ablauf und positive Effekte immer noch wichtig. Allerdings können sich ältere Kinder und Jugendliche schon gut auf gewisse Eigenheiten des Hundes, z. B. wilderes Spielen oder mehr Temperament, einstellen und auch mehr Verantwortung bei der Versorgung übernehmen (z. B. Gassigehen in den Pausen unter Aufsicht, aber abseits vom belebten Pausenhof, um übermäßigen Kontakt anderer Kinder mit dem Hund zu vermeiden).

Auch in dieser Altersstufe sind Aufgaben, in die der Hund aktiv involviert ist, ebenso wie die Möglichkeit zum direkten Kontakt mit Streicheln und Kuscheln, sehr beliebt. Zudem können komplexere Aufgaben direkt mit dem Hund gestellt werden, um gezielt Exekutive Funktionen zu fördern, z. B. Geschicklichkeitsparcours planen und durcharbeiten oder Apportier-Arbeit. Diese Aktivitäten lassen sich jedoch aufgrund des Zeitaufwandes vorrangig in speziellen AGs oder dem Förderunterricht umsetzen. Das Planen und Umsetzen eines Parcours mit Tunnel, Hürde und Wippe erfordert eine gute Kommunikation mit dem Hund sowie klare Körpersprache und Impulskontrolle, wenn die Übung nicht gleich funktioniert.

Der regelmäßige, zumindest tageweise Einsatz eines Schulhundes wird dadurch erleichtert, dass die Lehrkräfte an der Hauptschule im Vergleich zu Realschule und Gymnasium häufiger mehrere Unterrichtseinheiten am Stück in einer Klasse verbringen. Dennoch ist es hilfreich, wenn bei der Stundenplanung Rücksicht auf die besondere pädagogische Arbeit mit Hund genommen werden kann, um zumindest bestimmte Tage Schulhund-freundlich zu gestalten. Gerade bei Lehrkräften mit häufigem Klassenwechsel ist ein ruhiger Raum, an dem der Hund allein stundenweise abgelegt werden kann, von Vorteil. Wie lange oder häufig der Schulhund im Unterricht ohne übermäßige Belastung anwesend sein kann, ist individuell sehr verschieden.

15.3 Der Hund in Realschule und Gymnasium

Aufgrund der oft fast stündlichen Klassenwechsel der Lehrkraft in Realschule und Gymnasium ist es deutlich schwieriger, wenn auch nicht unmöglich, einen Schulhund in diesen Schularten einzusetzen. Auf jeden Fall erfordert es einen größeren logistischen Aufwand und einen Hund, der auch einmal mehrere Schulstunden in einem ruhigen Raum entspannt allein bleibt. Den Hund in alle drei bis fünf verschiedenen Klassen, die eine vollbeschäftigte Lehrkraft möglicherweise täglich hat, mitzunehmen, scheint nur in Ausnahmefällen empfehlenswert und ist bei Einhaltung aller Richtlinien organisatorisch aufwendig (Allergieproblematik, Einverständnis aller Eltern). Je nach Wesen des Hundes kann die Belastung des Hundes an einem Tag allein aufgrund des Kontakts zu vielen verschiedenen Kindern sehr hoch sein, zumal die Schüler seltener Hundekontakt haben und sich daher auch intensiver mit ihm beschäftigen als Schüler, bei denen der Hund häufig präsent ist. Zudem sind längerfristige Effekte wahrscheinlich geringer ausgeprägt, wenn der Hund nur ein bis zwei Schulstunden pro Woche in einer Klasse anwesend ist, selbst wenn er das akute Verhalten in der Stunde positiv beeinflussen kann.

Obwohl es wissenschaftlich noch nicht untersucht wurde, ist eine gewisse Dosisabhängigkeit der Wirkung des Hundes anzunehmen, sodass eine Mindestanzahl von drei bis vier Stunden Anwesenheit des Hundes pro Woche in einer Klasse empfehlenswert scheint. Bei intensiverer hundegestützten Pädagogik in kleineren Gruppen können dagegen schon ein bis zwei Stunden wöchentlich signifikante Effekte erzielen. Zudem ist davon auszugehen, dass bei Schülern, die früher mithilfe des Schulhundes unterstützt werden, größere Effekte in Bezug auf Sozialverhalten, Lehrer-Schüler-Beziehung und Exekutive Funktionen zu erwarten sind.

Vergleichsweise wenige Lehrkräfte (<10 %, Marhofer in Vorb.) arbeiten mit Hund in der Realschule oder dem Gymnasium, nehmen ihn dort jedoch für zwei bis drei Tage zu je vier bis sechs Stunden mit. Hierbei muss sorgfältig auf Stressanzeichen des Hundes geachtet werden, falls er täglich mit vielen verschiedenen Schülern interagiert und vor allem aktiv in Übungen eingesetzt wird, wie es aus der Praxis berichtet wird.

15.4 Der Hund in der Nachmittagsbetreuung

In der über die letzten Jahre verstärkt eingeführten Nachmittagsbetreuung in den Schulen ergibt sich ein gut geeignetes Einsatzfeld für den Schulhund. Zum einen kann er bei der Hausaufgabenbetreuung einfach anwesend sein und so unterstützend wirken. Allerdings muss in diesem etwas freieren Kontext dennoch auf die Einhaltung von Grundregeln im Umgang geachtet werden. Zum anderen kann der Hund gezielt in Hunde-AGs, Tier-AGs, Hundeführerschein-AGs oder Schauspiel/Vorführ-AGs in Kleingruppen zum intensiveren Einsatz kommen. Manche Lehrkräfte nehmen für diese Arbeit (aber ebenso in den regulären Unterricht) mehrere Hunde gleichzeitig mit, da solche AGs meist voll ausgebucht sind – überwiegend wird aber auch hier mit einem einzelnen Hunde gearbeitet. In diesem Kontext sind alle drei Ansätze der pädagogischen Arbeit mit Hund zu finden, wobei im Vergleich zum Einsatz im regulären Unterricht häufiger direkt mit dem Hund gearbeitet wird (→ Kap. 14). Auch kann der Schulhund andere AGs und Projektgruppen (z. B. an Projekttagen) inspirieren. So wurden schon Hundehütten oder Schulhund-Schilder in Schreiner-AGs gefertigt. Der Hund motiviert also über seinen direkten Einsatz und über die eigentlichen Projektgruppen hinaus.
Je nach Schulart ist die Zeit für besondere Aktivitäten mit Hund im regulären Unterricht recht beschränkt – in den Nachmittagsstunden dagegen sind der Kreativität, wie ein Hund sinnvoll eingebunden werden kann, kaum Grenzen gesetzt (s. Agsten et al. 2011).

15.5 Der Hund im sonderpädagogischen Einsatz

Aufgrund seiner vielen positiven Auswirkungen, die speziell bei Kindern mit besonderen Bedürfnissen und Defiziten ins Gewicht fallen, ist der Schulhund in der Sonderpädagogik am weitesten verbreitet. Kinder und Jugendliche mit sonderpädagogischem Förderbedarf profitieren umso mehr vom Hund, da ihre Beziehung zur menschlichen Lehrkraft durch ihre ungünstigen Vorerfahrungen mit Bezugspersonen erschwert wird. Bis zu 90 % der Schüler mit Lern-, emotionalen oder Verhaltensstörungen haben eine unsichere Bindung, welche die Stressregulation über die Zuwendung der menschlichen Lehrkraft und den Aufbau einer guten Lehrer-Schüler-Beziehung behindert. Zudem sind viele Bereiche, die den Exekutiven Funktionen zugerechnet werden, förderbedürftig, wobei der Hund ganz natürlich (und ohne Anstrengung vonseiten der Kinder) positiv wirkt. Er fördert Entspannung, Konzentration, Selbstmotivation und Selbstkontrolle und hat einen günstigen Einfluss auf das Sozialverhalten, welches ja oft problematisch ist, wie bei Kindern mit emotionalen oder Verhaltensstörungen. In ähnlicher Weise trifft das auf Kinder mit geistiger Behinderung zu. Auch Kinder mit vorrangig körperlicher Behinderung profitieren vom Hund auf allen Ebenen, wobei häufiger die physische Entspannung und Motivation für motorische Übungsaufgaben gezielt genutzt werden. In der Sprachförderung wirkt der Hund als sozialer Katalysator und Motivator und, je nach Problematik, bietet die Kommandoarbeit mit dem Hund einen guten Ansatz.

An dieser Stelle sei nochmals betont, dass sich der Schulhund auf alle Schüler auswirken kann, die eine positive Einstellung zu ihm und keine Angst vor ihm haben. Je größer der Bedarf oder das Defizit eines Kindes in einem bestimmten Bereich ist, desto stärkere Effekte sind dort durch den Hund bei einem gezielten und professionellen Einsatz zu erwarten. Der Schulhund wirkt bei allen Kindern auf allen Ebenen (Entspannung, Sozialverhalten, Motivation, Spaß), doch gibt es in der Sonderpädagogik eine erhöhte Indikation für den Schulhund-Einsatz. Er kann im defizitären oder problematischen Bereich viel bewirken, aber auch die damit in der Regel einhergehenden geminderten allgemeinen Kompetenzen (Zuverlässigkeit, Verantwortungsbewusstsein, soziale Kompetenz etc.) stärken. Zudem kann die erfolgreiche Interaktion mit dem Hund auch zu einer Stärke und Ressource des Kindes werden (Selbstwirksamkeit und Selbstbewusstsein, → Kap. 11.4).

Bestimmte Übungen mit dem Hund (Ansatz der aktiven Beteiligung und Ansatz der direkten Arbeit mit dem Hund) können zur Verbesserung der Motorik und Koordination durchgeführt werden. Aufgrund nachlassender körperlicher Fitness und Koordination heutiger Schüler ist dieser Aspekt auch für die Regelschule von Bedeutung. Schon Übungen des Grundgehorsams, wie das Bei-Fuß-Gehen, verlangen Koordination und Kontrolle über die Körpersprache. Besondere Tricks (z. B. aus dem Agility-Bereich) und korrekte Kommandos für trainierte Hunde (z. B. Apportieren, Suchen) erfordern ein hohes Maß an Konzentration und Koordination. Solche Übungen, welche im Anforderungsgrad von Nicht-Hundeführern meist deutlich unterschätzt werden, fallen manchmal selbst gesunden, durchschnittlich begabten Erwachsenen schwer.

Da die Klassen in der Sonderpädagogik im Vergleich zur Regelschule meist deutlich kleiner sind, ist der Kontakt zum einzelnen Kind intensiver. Die Möglichkeiten zum Körperkontakt und zu anderen Interaktionen sind häufiger gegeben. Daher muss unbedingt auf Anzeichen von Überlastung des Tieres geachtet werden und ihm die Möglichkeit des Rückzugs auf seinen sicheren Platz gegeben werden. Durch die Verhaltensauffälligkeiten der einzelnen Kinder und das oft turbulentere oder konfliktreichere Geschehen in den Klassen ist der Einsatz in der Sonderpädagogik für den Schulhund im Durchschnitt belastender als in der Regelschule. Ebenso fordernd ist die Arbeit mit einzelnen Schülern oder in Kleingruppen (Agsten et al. 2011; Vanek-Gullner 2007). Einsatzzeiten und -formen sind den Möglichkeiten und Belastungsgrenzen des Hundes entsprechend zu planen.

Auch im Rahmen der Integration bzw. Inklusion behinderter oder auffälliger Kinder kann der Schulhund wertvolle Dienste leisten (L. Agsten, persönliches Gespräch mit der Autorin, 2011). Das geschieht ganz allgemein in allen Schulhund-Klassen oder -Gruppen mit auffälligen Kindern, aber auch gezielt in der Integration einzelner Schüler mit sonderpädagogischem Förderbedarf in einer neuen Klasse (Integrationsklasse), z. B. in der Hauptschule. Dabei begleitet eine spezielle Lehrkraft den Förder-/Integrationsschüler für einige Stunden und kümmert sich um diesen, während die reguläre Lehrkraft die Klasse unterrichtet. Nicht immer sind die regulären Lehrkräfte und die Schüler begeistert, wenn sie einen besonderen Schüler integrieren sollen. Hier verhilft der Hund, der entweder der regulären oder der Integrationslehrkraft gehören kann, dem Kind zu einer positiveren Wahrnehmung. Er fungiert als ‚Eisbrecher' und sozialer Katalysator – vorausgesetzt die Lehrkraft ohne Hund und die anderen Kinder entwickeln eine positive Einstellung zu ihm. Dabei wirken vor allem Anwesenheit und Kontakt, den der Hund von sich aus aufnehmen darf. Sinnvoll und erfreulich für alle Beteiligten sind auch Übungen mit dem Hund und der gesamten Klasse, um Interaktionen und Beziehungen zum Integrationskind zu fördern.

Ein weiterer langfristiger Ansatz in Sonderpädagogik und Therapie ist der Aufbau einer guten (sicheren) Lehrer-Schüler-Beziehung oder Patient-Therapeuten-Beziehung mittels Schul-/Therapiehund. Die grundlegenden Mechanismen, wie die Aktivierung des Oxytocin-Systems mit seinen positiven Effekten, wurden bereits dargelegt (→ Kap. 11). Durch die hergestellte Offenheit, sich auf Beziehung einzulassen, kann die Lehrkraft sozusagen ‚einen Fuß in die Tür bekommen' und langfristig über die Methode der bindungsgeleiteten Intervention (Julius 2009) behutsam am Beziehungsaufbau arbeiten. Der Hund kann diesen Prozess erheblich vereinfachen und beschleunigen. Allerdings ist für die Lehrkraft eine spezielle Schulung sinnvoll, welche vermittelt, wie man sensibel auf die Bindungssignale der Kinder eingeht und der Re-Etablierung ungünstiger Bindungsmuster entgegenwirkt. Denn nur durch den Hund und eine gute Beziehung zu ihm verändert sich noch nicht automatisch die Beziehung zwischen Lehrer und Schülern mit unsicheren Bindungsmustern. Dies geschieht nur durch neuartige zwischenmenschliche Beziehungserfahrungen in der direkten Interaktion oder über symbolische Interaktionen (z.B. Rollenspiel, Puppenspiel), die mithilfe des Hundes einfacher und schneller angebahnt werden können (Julius et al. 2012).

15.6 Spezielle Einsatzgebiete des Schulhundes

Der Hund in der Therapie

Im schulischen Rahmen werden unter anderem Einzelförderungen von Kindern mit besonderen Bedürfnissen durchgeführt, oft in Form von Therapien, z.B. Physiotherapie, Sprachtherapie oder Motopädie. In diesen Bereichen sind sowohl Schulhunde als auch ausgebildete Therapiehunde involviert. Aufgrund einiger Überschneidungen in der Ausbildung und den Anforderungen gibt es inzwischen Hunde, die sowohl zum Schulhund als auch zum Therapiehund ausgebildet wurden. Je nach Therapieziel (motorisch, sprachlich) sieht der Einsatz des Hundes unterschiedlich aus. Die gezielte und intensive Arbeit mit einem Kind bei speziellen Aufgaben kann sehr anstrengend für den Hund sein, sodass innerhalb einer Stunde oft mit anderen Aufgabenarten mit niedrigerem Beanspruchungsgrad abgewechselt wird. (Für weitere Information zur tiergestützten Therapie mit Hund s. z.B. Röger-Lakenbrink 2006)

Der Hund in speziellen Förderprogrammen

Schulhunde werden in der Schule in speziellen Förderprogrammen, wie z.B. der Leseförderung (Heyer/Beetz 2014, Beetz/Heyer 2014), eingesetzt. Doch auch weitere pädagogische Trainings wie Konzentrations-, Empathie- bzw. Soziales Kompetenz-Training, die zum Teil außerhalb der Schule oder durch Externe angeboten werden, sind bei entsprechender Einarbeitung von Schulhund-Lehrkraft-Teams durchführbar. Die Übergänge zur Therapie sind bei solchen Trainingsprogrammen fließend – sowohl Pädagogen als auch Psychotherapeuten oder Psychologen sind in diesem Bereich tätig.

Hundegestützte Leseförderung

Beim ‚Lesen mit Hund' gibt es unterschiedliche Ansätze, die grob nach Gruppen- oder Einzelförderung und Grad der aktiven Beteiligung von Hund und Pädagoge eingeteilt werden.

Basis der Leseförderung mit Hund ist zum einen die Reduktion von Stress bei leseschwachen Schülern. Wie bereits erklärt, beeinflussen Stress aufgrund von Angst und Anspannung und eine schlechte Stimmung jegliche geistige

Abb. 14–15: Hundegestützte Leseförderung

Leistung negativ. Leseschwache Schüler haben jedoch bereits die Erfahrung gemacht, dass sie schlecht lesen können, befinden sich also wenn sie lesen sollen, aufgrund ihrer negativen Erwartungshaltung genau in diesem ungünstigen Zustand. Zum anderen sind sie oft demotiviert, wenn es ums Lesen geht, es fehlt aufgrund mangelnder Lesekompetenz die Freude am Lesen. Beides, Entspannung und Lesemotivation, können mittels Hund verbessert werden und tragen so grundlegend zur Leseförderung bei. Zusätzlich begünstigen natürlich weitere Effekte des Hundes, z. B. die Förderung der Lehrer-Schüler-Beziehung, den Lernprozess.

Bereits 1999 wurden die ersten Hunde im R.E.A.D.-Program (Reading Education Assistance Dogs) gezielt für die Leseförderung eingesetzt. In diesem Programm gehen ausgebildete Hunde der gemeinnützigen Organisation Intermountain Therapy Animals mit ihren Besitzern in Schulen, Kindergärten, Jugendeinrichtungen, Jungendgefängnisse, Bibliotheken oder auf Veranstaltungen, um als Lesepartner für leseschwache Kinder und Jugendliche zu fungieren. Üblicherweise liest ein Kind, manchmal auch zwei Kinder, einem Hund als nicht wertendem und aufmerksamem Zuhörer vor oder liest leise für sich im Kontakt zum Hund. Es geht also vor allem um die Übung des Lesens in einem motivierenden und entspannungsfördernden Umfeld. Die Berichte von Schulen (www.therapyanimals.org) sind durchweg positiv – das R.E.A.D.-Program macht den Kindern Spaß, fördert deren Lesekompetenz und -motivation und somit auch das selbstständige Üben zuhause. Durch Spenden finanziert wird das Programm für die entsprechenden Einrichtungen kostenfrei angeboten. Die Idee wird inzwischen von mehreren Organisationen sowie Privatpersonen in den USA, Kanada und im deutschsprachigen Raum umgesetzt, jedoch nicht immer kostenfrei (z. B. www.talesforpaws.org). In ähnlicher Weise kann ein leseschwacher Schüler in der Einzelförderung oder im Unterricht in einer ruhigen Ecke des Klassenzimmers mit dem Schulhund arbeiten. Es wirken dabei vorrangig Präsenz und Kontakt des Schulhundes auf den Schüler. Ein trainierter Hund kann aber auch als aktiver Part z. B. selbst ein Buch aus mehreren aussuchen und bringen.

Praxis-idee

Hundegestützte Leseförderung

In einem anderen Ansatz, welcher der üblichen Leseförderung ohne Hund eher entspricht, werden ein oder zwei miteinander verträgliche Schulhunde in Kleingruppen von drei bis sieben Kindern oder Jugendlichen zur Leseförderung eingesetzt (Beetz et al. 2008, Beetz et al. 2010a). Eine entspannte Atmosphäre und räumliche Gegebenheiten, die viel Kontakt und Aktivität des Hundes erlauben, sind Voraussetzung (z. B. Sitzen am Boden, Freifläche für Tricks). Gearbeitet wird mit einem Buch, das Bezug zum Thema Hund hat, z. B. eine Geschichte über einen Hund erzählt (Kuntze/Bröcker 2012). Verschiedene Passagen werden in Anwesenheit des Hundes und in Kontakt zu ihm abwechselnd laut und leise gelesen, sowie Inhalte besprochen. An geeigneten Stellen werden entsprechende Aktivitäten mit dem Hund eingebaut, welche einen Bezug zum Buchinhalt haben (z. B. Grundgehorsamsübungen, Umsorgen des Hundes, Bürsten, Streicheln). Im Vergleich zur oben beschriebenen Leseförderung nach R.E.A.D. werden Präsenz und Kontakt vermehrt mit aktiver Beteiligung des Hundes kombiniert. Zudem unterstützt die verstärkte Beteiligung der Lehrkraft das Textverständnis, und sie kann mithilfe von Arbeitsblättern gezielt auf Grammatik, Wortschatz und Rechtschreibung eingehen.

Junge und ältere leseschwache Schüler haben gleichermaßen Spaß an der Leseförderung mit Hund, sind ruhiger und entspannter beim Lesen und lesen auch mehr selbständig zuhause und in den Schulferien (Beetz et al. 2010a). Dieser Ansatz in Kleingruppen ist für die Regelschule, in der vorrangig in Gruppen gefördert wird, praktikabler als die Einzelförderung.

Konzentrationstraining mit Hund

Ebenfalls für Kleingruppen konzipiert wurde ein Konzentrationstraining mit Hund für Kinder und Jugendliche mit ADS/ADHS (Aufmerksamkeitsdefizitstörung/Aufmerksamkeitsdefizit-/Hyperaktivitätsstörung; Beetz et al. 2010b).

Praxisidee

Konzentrationstraining mit Hund (für ADS/ADHS)

In diesem hundegestützten Konzentrationstraining wird die Bearbeitung üblicher konzentrationsfordernder Aufgaben anhand von Arbeitsblättern aus einem bereits bewährten Konzentrationstraining (z. B. Ettrich 1997, 2007) mit verschiedenen Ansätzen der hundegestützten Pädagogik kombiniert. Sowohl zu Beginn als auch während einer Trainingseinheit wird den Kindern gezielt der direkte Kontakt zum Tier ermöglicht, um Entspannung und positiven Affekt zu fördern. Während der Bearbeitung der Arbeitsblätter oder Gesprächen zu Regeln, Selbstinstruktion oder Selbstregulationstechniken liegt der

Hund im Blickfeld der Kinder – wenn er dies will und je nach Ablenkbarkeit der Teilnehmer. Zudem wird mit Aufgaben abgewechselt, die den Hund aktiv involvieren (z. B. Auswahl der nächsten Übung durch den Hund) oder die direkte Arbeit mit ihm und somit Konzentration erfordern.

Der Hund motiviert auch therapiemüde Kinder, die nur noch ungern an entsprechenden Trainings teilnehmen, zur konzentrierten und regelmäßigen Mitarbeit, erhöht deutlich den Spaß am Training und unterstützt durch seine vielfältigen Effekte das Lernen (Beetz et al. 2010b). Im Vergleich zu den üblichen Konzentrationstrainings ohne Hund ermöglicht der hundegestützte Ansatz verstärkt implizit-erfahrungsgeleitetes Lernen.

Kinder mit ADS/ADHS, die an einem intensiven Konzentrationstraining mit Hund – zweimal pro Woche über einen Zeitraum von fünf Wochen – außerhalb der Schule teilnahmen, zeigten nach Aussage der Eltern eine deutlich verminderte Impulsivität sowie eine tendenziell gesteigerte Aufmerksamkeit und weniger Hyperaktivität (Beetz et al. 2010b). Zudem berichteten die Jungen, weniger Schul- und Prüfungsangst und mehr Freude an der Schule zu haben. Insgesamt gab es also einen Transfer der Trainings-Effekte auf den Alltag zuhause und in der Schule. Bei entsprechender Einarbeitung könnten gerade Schulhund-Lehrkraft-Teams in Schulen, die mehrere Kinder mit ADS/ADHS betreuen, ein solches hundegestütztes Konzentrationstraining relativ einfach umsetzen.

Empathie-Training und soziales Kompetenztraining mit Hund

Da sich Hunde positiv auf das Sozialverhalten auswirken und Schüler meist bereit sind, sich auf die andersartige Kommunikation des Tieres empathisch einzustellen, bieten sich hundegestützte Trainings zur Verbesserung des Sozialverhaltens an. Dabei kann der Schwerpunkt auf der Empathie liegen, also auf der richtigen Interpretation von Emotionen und Intentionen anderer sowie adäquater emotionaler Reaktionen darauf. Alternativ wird verstärkt auf die Emotionsregulation beim Kind selbst eingegangen, dabei werden verstärkt adaptive Strategien für den Umgang mit negativen Emotionen eingeübt (s. Burger et al. 2010). Sowohl Empathie als auch Emotionsregulation sind Teil des übergreifenden Konzepts sozialer Kompetenz, welches tiergestützt gefördert werden kann.

Dabei ist die Umsetzung der Programme recht verschieden. Sie werden in Kleingruppen oder mit ganzen Klassen durchgeführt, einige arbeiten auf

Basis bereits existierender Trainingsprogramme und integrieren den Hund aktiv und über Präsenz und Kontakt (z. B. Bauer 2010), andere nutzen vorrangig die direkte Arbeit mit dem Hund (z. B. Grundgehorsam, Klicker-Training). Die Programme werden präventiv im Schulbereich durchgeführt, aber auch korrektiv, z. B. in Jugendgefängnissen oder gemeindebasierten Resozialisierungsprogrammen, wobei sie hier eher unter dem Begriff Anti-Aggressions-/Gewalttraining zu finden sind (Arluke 2010). Erste Studien belegen positive Effekte auf Empathie, Emotionsregulation und soziale Kompetenz (Arluke 2010; Bauer 2010; Burger et al. 2010).

Prinzipiell sind die meisten bereits existierenden Trainingsprogramme zu Empathie und sozialer Kompetenz, welche in der Schule bisher ohne Tiere umgesetzt wurden, ebenso mit Hund durchführbar. Theoretisch könnten sie über die positiven Wirkungen des Hundes in Bezug auf ihre Wirkung und effizientere Durchführung erheblich profitieren.

Weitere Einsatzgebiete von Hunden im schulischen Kontext

Nur vereinzelt gibt es Schulhunde in Berufsschulen, zum Teil wohl aufgrund der häufigen Klassenwechsel, ähnlich wie im Gymnasium oder in der Realschule. Dabei freuen sich die erwachsenen ebenso wie die jugendlichen Schüler über die Anwesenheit eines Hundes – seine potenziellen positiven Effekte sind nicht vom Alter, sondern von der positiven Einstellung der Schüler dem Hund gegenüber abhängig.

Hundegestützte Pädagogik und Therapie ist eben nicht nur etwas für Kinder. Manchmal ist sie sogar besonders hilfreich bei älteren Jugendlichen, die (subjektiv) schon viele negative Erfahrungen mit Erwachsenen, Pädagogen und Therapeuten gemacht haben. So setzen bereits mehrere Jugendsozialarbeiter in Schulen ausgebildete Hunde ein, um mit problematischen Jugendlichen schneller und einfacher einen vertrauensvollen Kontakt herzustellen (M. Saiko, persönliches Gespräch mit der Autorin, 2011). Als sozialer Katalysator unterstützt der Hund die Jungendsozialarbeiter dabei, ihre Arbeit noch effizienter auszuführen, da mehr Zeit bleibt, um an den eigentlichen Problemen mit den Kindern und Jugendlichen zu arbeiten. Diese Hunde sind zwar nach strenger Definition in den meisten Fällen keine Schulhunde, für die Erreichung der pädagogischen Zielsetzung sind sie jedoch genauso wertvoll.

Weiterhin kommen Schulbesuchshunde ein- oder mehrmalig in den Unterricht. Manchmal fungieren sie ‚nur' als lebendes Modell für den Biologieunterricht, meistens werden sie aber dazu genutzt, den richtigen Umgang mit Hunden zu vermitteln und so zur Prävention von Beißvorfällen und Unfällen mit Hunden beizutragen. Schulbesuchshunde werden oft von externen Fachkräften geführt, die spezielle Trainingsprogramme in der Schule anbieten.

Positive Erfahrungen mit Hund haben auch Schulpsychologen gemacht. Sowohl in Gesprächen oder Fördermaßnahmen mit Schülern als auch in der Supervision von Lehrkräften entfaltet ein freundlicher Hund seine positive Wirkung als ‚Eisbrecher' und ‚sozialer Katalysator' sowie als Unterstützer einer positiven, entspannten Atmosphäre und des Vertrauens zum Psychologen (V. Grebe, persönliches Gespräch mit der Autorin, 2011).

Hunde lassen sich in vielen verschiedenen Einsatzbereichen in der Schule und im schulischen Umfeld finden. Die Praxis sowie erste Befunde aus der Wissenschaft legen nahe, dass Hunde hier viel Positives für die Schüler (und für die zugehörige Lehrkraft) bewirken und den Pädagogen und anderen Fachkräften die Arbeit erleichtern. Natürlich sollten sich deswegen nun nicht alle Fachkräfte einen Hund zulegen. Deutlich wird bei den Gesprächen mit Lehrkräften, Therapeuten, Psychologen und Jugendsozialarbeitern, dass der Hund ebenso wie jeder private Hund zusätzliche Arbeit außerhalb des Schuleinsatzes bedeutet. Diesen zeitlichen und finanziellen Aufwand sollte man vor allem aufgrund eines persönlichen Wunsches nach einem Hund gerne auf sich nehmen wollen, da nur ein Team mit einer guten Beziehung die beschriebenen positiven Effekte erzielt. Es braucht also Enthusiasmus und Engagement für die hundegestützte Pädagogik und Therapie.

Ein guter Hund ist kein Arbeitsmittel, er ist vertrauter und zuverlässiger Partner für die pädagogische Arbeit, auf dessen Bedürfnisse entsprechend Rücksicht zu nehmen ist. Es sollte bedacht werden, dass die Arbeit mit dem Hund dazu führt, dass die pädagogische Fachkraft mehr als Person wahrgenommen wird. Sie gibt mit ihrem Hund ein Stück ihrer privaten Natur preis, wird nahbarer – so wird echte Beziehung im Gegensatz zu funktionaler Beziehung möglich. Dessen sollte sich jeder bewusst sein, der hundegestützt arbeitet. Gerade das durch den Hund gesteigerte Vertrauen und die intensivere Sozialbeziehung, auf die sich beide, Schüler und Pädagoge, einlassen müssen, sind für pädagogische und therapeutische Zielsetzungen besonders wertvoll.

Zum Weiterlesen

Bauer, K. (2010). Einsatz von Hunden im Training der Gewaltprävention wirkungsvoll. Mensch & Tier, 4, 3.

Beetz, A., Kuntze, S. und Bröcker, K. (2008). LeseMuT – Konzept, Durchführung und Evaluation eines Projekts zur Leseförderung mit Hund. Vortrag am 2. Kongress

„Mensch und Tier" – Tiere in Prävention und Therapie. 27. 09. 2008, Humboldt-Universität, Berlin.

Ettrich, C. (1997). Konzentrationstraining für Kinder. Bd. 2, Arbeitsheft für die 1. und 2. Schulklasse. Göttingen, Vandenhoeck & Ruprecht.

Ettrich, C. (2007). Konzentrationstraining für Kinder. Bd. 3, Arbeitsheft für die 3. und 4. Schulklasse. Göttingen, Vandenhoeck & Ruprecht.

Röger-Lakenbrink, I. (2006). Das Therapiehunde-Team. Ein praktischer Wegweiser. Nerdlen/Daun, Kynos-Verlag.

16 Ausblick

Viele Themen rund um den Einsatz von Hunden in der Schule, insbesondere von Schulhunden, wurden in diesem Buch anhand des aktuellen Kenntnis- und Erfahrungsstands aus Wissenschaft und Praxis angesprochen. Dennoch ist auch eine solch umfassende Übersicht immer nur eine Momentaufnahme. Gerade das Feld der hundegestützten Pädagogik entwickelt sich zumindest im deutschsprachigen Raum rasant – die Wissenschaft, die sich direkt mit den Effekten von Schulhunden befasst, hinkt dagegen hinterher. Dennoch wird es in den nächsten Jahren sicher einige Fortschritte in beiden Bereichen geben, welche die hier berichteten Daten und Erkenntnisse ergänzen. Je mehr pädagogische Fachkräfte mit Hunden arbeiten, desto bedeutsamer wird auch der Erfahrungsaustausch werden, um die besten Ansätze und Methoden in der Praxis zu verbreiten – zum Wohl der Schüler und der eingesetzten Hunde.

Tierschutz und ein professioneller pädagogischer Einsatz von Hunden bedingen sich gegenseitig. Nur wenn es dem Tier gut geht, wirkt es positiv auf die Schüler. Dann aber in so vielfältiger Art und Weise, wie es auf den ersten Blick kaum sichtbar ist. Während die sozialen Effekte von Hunden inzwischen recht bekannt sind, wurde eine mögliche weit reichendere Wirkung auf kognitives Lernen bisher wenig thematisiert. Die Integration neuester Erkenntnisse aus den Neurowissenschaften – die nun belegen, was Pädagogen aus Erfahrung oft schon wussten – erlaubt zumindest die theoretische Annahme eines positiven Effekts auf die Exekutiven Funktionen und damit die Voraussetzungen für emotionales und kognitives Lernen. Daraus ergibt sich, dass geeignete Hunde entsprechend ausgebildete pädagogische Fachkräfte effektiv bei der Erreichung beider Zielsetzungen von Pädagogik – Erziehung und Bildung – unterstützen können.

Für die Zukunft der hundegestützten Pädagogik und ihrer positive Wahrnehmung in der Öffentlichkeit und von Entscheidungsträgern wäre eine noch stärkere Professionalisierung wünschenswert. Das bedeutet nicht, dass jedes kleinste Detail durch strikte Vorgaben reglementiert werden sollte – damit würde man der Vielfältigkeit der Hunde, der Lehrkräfte, der Einsatzformen und der Bedarfe von Schülern nicht gerecht werden. Sinnvoll dagegen sind Rahmenbedingungen und Richtlinien zur Orientierung und Qualitätssicherung.

Zu guter Letzt liegt es immer am Wissen, der Umsicht und dem Verantwortungsbewusstsein der jeweiligen pädagogischen Fachkraft, für ihre individuelle Kombination aus Kindern, Hund und pädagogischer Zielsetzung die richtigen Umsetzungsmöglichkeiten zu finden. Dann kann der Schulhund im Team mit seiner Lehrkraft seine erstaunlichen positiven Wirkungen vollkommen entfalten.

Literatur

Achatz, A. (2007). Bindung von Kindern zu ihren Eltern und Lehrern. Dissertation, Universität Wien, Österreich. Saarbrücken, Südwestdeutscher Verlag für Hochschulschriften.

Agsten, L. (2009). HuPäSch: Hunde in die Schulen – und alles wird gut!? Norderstedt, Books on Demand-Verlag.

Agsten, L., Führing, P. und Windscheif, M. (2011). Praxisbuch HuPäSch. Ideen und Übungen zur Hundegestützten Pädagogik in der Schule. Norderstedt, Books on Demand-Verlag.

Ainsworth, M. D. S. (1991). Attachment and Other Affectional Bonds across the Life Cycle. In: Parkes, C. M., Stevenson-Hinde, J. and Marris, P. (eds.). Attachment across the Life Cycle. New York, Routledge, 33–51.

Ainsworth, M. D. S. (1972). Attachment and Dependency: A Comparison. In: Gerwitz, J. L. (ed.). Attachment and Dependency. Washington, Winston, 97–137.

Ainsworth, M. D. S. (1963). The Development of Infant–Mother Interaction among the Ganda. In: Foss, B. M. (ed.). Determinants of Infant Behavior. New York, Wiley, 67–104.

Ainsworth, M. D. S., Bell, S. M. and Stayton, D. J. (1971). Individual Differences in Strange-Situation Behavior of One-Year-Olds. In: Schaffer, H. R. (ed.). The Origins of Human Social Relations. New York, Academic Press, 17–52.

Ainsworth, M. D. S., Blehar, M. C., Waters, E. and Wall, S. (1978). Patterns of Attachment: A Psychological Study of the Strange Situation. Hillsdale, NJ, Erlbaum.

Ainsworth, M. D. S. and Wittig, B. A. (1969). Attachment and the Exploratory Behavior of One-Year-Olds in a Strange Situation. In: Foss, B. M. (ed.). Determinants of Infant Behavior. London, Methuen, 111–136.

Allen, K., Blascovich, J. and Mendes, W. B. (2002). Cardiovascular Reactivity and the Presence of Pets, Friends and Spouses: The Truth about Cats and Dogs. Psychosomatic Medicine, 64 (5), 727–739.

Allen, K., Blascovich, J., Tomaka, J. and Kelsey, R.M. (1991). The Presence of Human Friends and Pet Dogs as Moderators of Autonomic Responses to Stress in Women. Journal of Personality and Social Psychology, 61, 582–589.

Amico, J.A., Mantella, R.C., Vollmer, R.R., Li, X. (2004). Anxiety and stress responses in female oxytocin deficient mice. Journal of Neuroendocrinology, 16, 319–324.

Arluke, A. (2010). Animal Assisted Activity as a Social Experience: An Exploratory Study of Anti-Violence Programs for Adolescents. Oral Presentation at the 12th International IAHAIO Conference, Stockholm, Sweden, July 1–4.

Baerends, G.P. (1976). The Functional Organization of Behavior. Animal Behaviour, 24, 726–738.

Bandura, A. (1977). Self-Efficacy: Toward a Unifying Theory of Behavioral Change. Psychological Review

Banks, M.R., Banks, W.A. (2005). The effects of group and individual animal-assisted therapy on loneliness in residents of long-term care facilities. Anthrozoös, 18 (4), 396–408.

Banks, M.R., Banks, W.A. (2002). The effects of animal-assisted therapy on loneliness in an elderly population in long-term care facilities. The Journals of Gerontology, 57 (7), M428–M432.

Barker, S.B., Knisely, J.S., McCain, N.L. and Best, A.M. (2005). Measuring Stress and Immune Responses in Health Care Professionals Following Interaction with a Therapy Dog: A Pilot Study. Psychological Reports, 96 (3), 713–729.

Barker, S.B., Pandurangi, A.K. and Best, A.M. (2003). Effects of Animal-Assisted Therapy on Patients' Anxiety, Fear and Depression before ECT. The Journal of ECT, 19 (1), 38–44.

Bauer, K. (2010). Einsatz von Hunden im Training der Gewaltprävention wirkungsvoll. Mensch & Tier, 4, 3.

Bauer, J. (2008). Lob der Schule. München, Heine.

Bauer, J. (2005). Warum ich fühle, was du fühlst: Intuitive Kommunikation und das Geheimnis der Spiegelneurone. Hamburg, Hoffmann & Campe.

Beck, L. and Madresh, E.A. (2008). Romantic and Four-Legged Friends: An Extension of Attachment Theory to Relationships with Pets. Anthrozoös, 21, 43–56.

Beetz, A. (2014). Zur Problematik unsicherer Bindung bei Lehrern und Erziehern in der Sonderpädagogik mit dem Förderschwerpunkt soziale und emotionale Entwicklung. Heilpädagogische Forschung, 40 (2), 77–87.

Beetz, A. (2013a). Socio-emotional correlates of a schooldog-teacher-team in the classroom. Frontiers in Psychology (Frontiers in Educational Psychology), 4: 886. doi: 10.3389/fpsyg.2013.00886.

Beetz, A., (2013b). Leseförderung mit Hund – Eine Pilot-Studie. Heilpädagogik, 56 (1), 17-25.

Beetz, A. (2009). Psychologie und Physiologie der Bindung zwischen Mensch und Tier. In: Otterstedt, C. und Rosenberger, M. (Hrsg.). Gefährten – Konkurrenten – Verwandte. Die Mensch-Tier-Beziehung im wissenschaftlichen Diskurs. Göttingen, Vandenhoeck & Ruprecht, 133–152.

Beetz, A. (2007a). Die Bedeutung der Mensch-Tier-Beziehung für die sozio-emotionale Entwicklung. Plenarvortrag am Kongress Mensch und Tier – Tiere in Prävention und Therapie, Berlin, Deutschland, 17.–19. Mai 2007.

Beetz, A. (2007b). Barns utveckling av empatie med hjälp av sällskapsdjur. (Children's Development of Empathy through Interaction with Animals). Oral Presentation at the Conference „Ett djur för livet", Stockholm, Schweden, December 11th, 2007.

Beetz, A., Broecker, K. and Kuntze, S. (2010a). A Dog-Assisted Program to Enhance Reading Skills in a School Setting. Oral Presentation at the 12th International IAHAIO Conference, Stockholm, Sweden, July 1–4.

Beetz, A. und Delhaes, A. (2011). Forensische Hypnose – Der Einsatz von Hypnose als erinnerungsunterstützendes Verfahren im Rahmen polizeilicher Ermittlungen. Hypnose, 6 (1+2), 165–188.

Beetz, A. und Heyer, M. (2014). Leseförderung mit Hund – Grundlagen und Praxis. München: Reinhardt.

Beetz, A., Julius, H., Uvnäs-Moberg, K. and Kotrschal, K. (2012). Psychosocial and psychophysiological effects of human-animal interactions: The possible role of oxytocin. Frontiers in Psychology 3: 234. doi: 10.3389/fpsyg.2012.00234.

Beetz, A., Kotrschal, K., Turner, D., Hediger, K., Uvnäs-Moberg, K. and Julius, H. (2011). The Effect of a Real Dog, Toy Dog and Friendly Person on Insecurely Attached Children during a Stressful Task: An Exploratory Study. Anthrozoös, 24(4), 349–368.

Beetz, A., Kuntze, S. und Bröcker, K. (2008). LeseMuT – Konzept, Durchführung und Evaluation eines Projekts zur Leseförderung mit Hund. Vortrag am 2. Kongress „Mensch und Tier" – Tiere in Prävention und Therapie. 27. 09. 2008, Humboldt-Universität, Berlin.

Beetz, A. und Olbrich, E. (2015). Definitionen tiergestützter Interventionen.

(Dt. Übersetzung der Definitionen aus dem White Paper: The IAHAIO Definitions. for Animal Assisted Intervention and Animal Assisted Activity and Guidelines for Wellness of Animals Involved. www.iahaio.org.).Tiergestützte, 1, 2015.

Beetz, A., Saumweber, K., Kacic, V. and Zimmermann, F. P. (2010b). A Dog-Assisted Training Program to Reduce Symptoms of ADHD in Children. Oral Presentation at the 12th International IAHAIO Conference, Stockholm, Sweden, July 1–4.

Beetz, A. und Volk, J. (2008). Der Einsatz von Schulhunden in Deutschland – Verbreitung und Effekte. Vortrag am 4. Internationalen TAT-Symposium „Professionelle Tiergestützte Therapie – Planung, Praxis, Evaluierung", 03. Oktober 2008, Vet. Med. Universität Wien, Wien.

Björkstrand, A., Eriksson, M. and Uvnäs-Moberg, K. (1996). Evidence of a Peripheral and a Central Effect of Oxytocin on Pancreatic Hormone Release in Rats. Neuroendocrinology, 63, 377–383.

Bowlby, J. (1988). A Secure Base: Parent–Child Attachment and Healthy Human Development. New York, Basic Books.

Bowlby, J. (1980). Attachment and Loss. Vol. 3: Loss, Sadness and Depression. New York, Basic Books.

Bowlby, J. (1979). The Making and Breaking of Affectional Bonds. London, Tavistock Publications.

Bowlby, J. (1969). Attachmend and Loss. Vol. 1: Attachment. New York, Basic Books.

Bretherton, I. and Munholland, K. A. (2008). Internal Working Models in Attachment Relationships: Elaborating a Central Construct in Attachment Theory. In: Cassidy, J. and Shaver, P. R. (eds.). Handbook of Attachment: Theory, Research and Clinical Applications, 2nd edn. New York, The Guilford Press, 134–152.

Broom, D. and Kirkden, R. D. (2004). Welfare, Stress, Behavior, and Pathophysiology. In: Dunlop, R. H. and Malberg, C.-H. (eds.): Veterinary Pathophysiology. Oxford, UK, Blackwell Publishing, 337–370.

Buchheim, A. und Strauss, B. (2002). Interviewmethoden der klinischen Bindungsforschung. In: Strauss, B., Buchheim, A. und Kächele, H. (Hrsg.). Klinische Bindungsforschung: Methoden und Konzepte. Stuttgart, Schattauer Verlag, 27–53.

Bundesministerium für Unterricht, Kunst und Kultur (BMUKK, Österreich) (2011). Diskussionsrunden zur Richtlinienerstellung für Schulhunde unter der Leitung von Ministerialrätin D. Kölbl-Tschulik. In: www.bmukk.gv.at, 08.06.2012

Burger, E., Stetina, B., Turner, K. und Bauer, J. (2010). AAT in the Enhancement of Emotional Expression and Emotion Regulations: A Video Analysis of the Dog-Assisted Group Training MIT with Adolescents. Oral Presentation at the 12th International IAHAIO Conference, Stockholm, Sweden, July 1–4.

Cardoso, C., Ellenbogen, M.A. and Linnen, A.-M. (2011). Acute Intranasal Oxytocin Improves Positive Self-Perceptions of Personality. Psychopharmacology, published online 20 October 2011.

Carter, C.S., DeVries, A.C. and Getz, L.L. (1995). Physiological Substrates of Mammalian Monogamy: The Prairie Vole Model. Neurosci. Biobehav. Rev., 19, 303–314.

Charnetski, C.J., Riggers, S. und Brennan, F.X. (2004). Effect of Petting a Dog on Immune System Function. Psychological Reports, 95, 1087–1091.

Cole, K.M., Gawlinski, A., Steers, N. and Kotlerman, J. (2007). Animal-Assisted Therapy in Patients Hospitalized with Heart Failure. American Journal of Critical Care, 16 (6), 575–585.

Colombo, G., Buono, M.D., Smania, K., Raviola, R. and DeLeo, D. (2006). Pet Therapy and Institutionalized Elderly: A Study on 144 Cognitively Unimpaired Subjects. Archives of Gerontology and Geriatrics, 42 (2), 207–216.

Covert, A.M., Whiren, A.P., Keith, J. and Nelson, C. (1985). Pets, Early Adolescents and Families. Marriage and Family Review 8, 63–78.

Crowley-Robinson, P., Fenwick, D.C. and Blackshaw, J.K. (1996). A Long-Term Study of Elderly People in Nursing Homes with Visiting and Resident Dogs. Applied Animal Behaviour Science, 47 (1–2), 137–148.

Daly, B. and Morton, L.L. (2006). An Investigation of Human-Animal Interactions and Empathy as Related to Pet Preference, Ownership, Attachment and Attitudes in Children. Anthrozoös, 19 (2), 113–127.

Daly, B. and Morton, L.L. (2003). Children with Pets Do Not Show Higher Empathy: A Challenge to Current Views. Anthrozoös, 16(4), 298–314.

Darrah, J.P. (1996). A Pilot Survey of Animal-Facilitated Therapy in Southern California and South Dakota Nursing Homes. Occupational Therapy International, 3 (2), 105–121.

DeLoache, J.S., Pickard, M.B. and LoBue, V. (2011). How Very Young Children Think About Animals. In: McCune, S., Griffin, J.A. and Maholmes; V. (eds.): How Animals Affect Us: Examining the Influences of Human–Animal Interaction on Child Development and Human Health. Washington, DC, USA, American Psychological Association, 85–99.

Diamond, A. and Lee, K. (2011). Interventions Shown to Aid Executive Function Development in Children 4 to 12 Years Old. Science, 333, 959–964.

Ditzen, B., Neumann, I.D., Bodenmann, G., Dawans, B. von, Turner, R.A., Ehlert, U. and Heinrichs, M. (2007). Effects of Different Kinds of Couple Interaction on Cortisol and Heart Rate Responses to Stress in Women. Psychoneuroendocrinology, 32 (5), 565–574.

Ditzen, B., Schmidt, S., Strauss, B., Nater, U.M., Ehlert, U. and Heinrichs, M. (2008). Adult Attachment and Social Support Interact to Reduce Psychological but Not Cortisol Responses to Stress. Journal of Psychosomatic Research 64, 479–486.

Domes, G., Heinrichs, M., Michel, A., Berger, C. and Herpertz, S.C. (2007). Oxytocin Improves ‚mind-reading' in Humans. Biol. Psychiatry 61, 731–733.

Dozier, M., Stovall, K.C., Albus, K.E. and Bates, B. (2001). Attachment for Infants in Foster Care: The Role of Caregiver State of Mind. Child Development 72, 1467–1477.

Dreifuss, J.J., Raggenbass, M., Charpak, S., Dubois-Dauphin, M. and Tribollet, E. (1988). A Role of Central Oxytocin in Autonomic Functions: Its Action in the Motor Nucleus of the Vagus Nerve. Brain Research Bulletin, 20 (6), 765–770.

Epstein, S. (1994). Integrating the Cognitive and the Psychodynamic Unconscious. American Psychologist, 49, 709–724.

Ettrich, C. (2007). Konzentrationstraining für Kinder. Bd. 3, Arbeitsheft für die 3. und 4. Schulklasse. Göttingen, Vandenhoeck & Ruprecht.

Ettrich, C. (1997). Konzentrationstraining für Kinder. Bd. 2, Arbeitsheft für die 1. und 2. Schulklasse. Göttingen, Vandenhoeck & Ruprecht.

Fahrbach, S.E., Morrell, J.I. and Pfaff, D.W. (1984). Oxytocin Induction of Short-Latency Maternal Behavior in Nulliparous, Estrogen-Primed Female Rats. Horm. Behav., 18, 267–286.

Feldman, R., Gordon, I. and Zagoory-Sharon, O. (2011). Maternal and Paternal Plasma, Salivary and Urinary Oxytocin and Parent-Infant Synchrony: Considering Stress and Affiliation Components of Human Bonding. Developmental Science, 14 (4), 752–761.

Fick, K.M. (1993). The Influence of an Animal on Social Interactions of Nursing Home Residents in a Group Setting. American Journal of Occupational Therapy, 47 (6), 529–534.

Filipp, S.H. (1995). Kritische Lebensereignisse. Weinheim, Beltz PVU.

Fine, A. (ed.) (2006). Handbook on Animal-Assisted Therapy: Theoretical Foundations and Guidelines for Practice, 2nd ed. New York, Academic Press.

Friedmann, E., Katcher, A.H., Thomas, S.A., Lynch, J.J. and Messent, P.R. (1983).

Social Interaction and Blood Pressure: Influence of Animal Companions. Journal of Nervous and Mental Disease, 171 (8), 461–464.

Friedmann, E., Thomas, S. A. (1998). Pet ownership, social support, and one-year survival after acute myocardinal infarction in the cardiac arrhythmia suppression trail (CAST). In: Wilson, C. C., Turner, D. C. (eds.). Companion Animals in Human Health. Thousand Oaks, Sage Publications, 187–201.

Garrity, T. F., Stallones, L., Marx, M. B. und Johnson, T. P. (1989). Pet Ownership and Attachment as Supportive Factors in the Health of the Elderly. Anthrozoös, 3 (1), 35–44.

George, C. and Solomon, J. (2008). The Caregiving System: A behavioral systems approach to parenting. In: Cassidy, J. and Shaver, P. R. (eds.). Handbook of Attachment: Theory, Research and Clinical Applications. 2nd edn. New York, The Guilford Press, 833–856.

Gee, N. R., Church, M. T. and Altobelli, C. L. (2010a). Preschoolers Make Fewer Errors on an Object Categorization Task in the Presence of a Dog. Anthrozoös, 23 (3), 223–230.

Gee, N. R., Crist, E. N. and Carr, D. N. (2010b). Preschool Children Require Fewer Instructional Prompts to Perform a Memory Task in the Presence of a dDog. Anthrozoös, 23 (2), 173–184.

Gee, N. R., Harris, S. L. and Johnson, K. L. (2007). The Role of Therapy Dogs in Speed and Accuracy to Complete Motor Skill Tasks for Preschool Children. Anthrozoös, 20 (4), 375–386.

Gee, N. R., Sherlock, T. R., Bennett, E. A. and Harris, S. L. (2009). Preschoolers' Adherence to Instruction as a Function of Presence of a Dog and Motor Skill Task. Anthrozoös, 22 (3), 267–276.

Giaquinto, S. and Valentini, F. (2009). Is There a Scientific Basis for Pet Therapy?. Disability and Rehabilitation: An International Multidisciplinary Journal, 31 (7), 595–598.

Giefing, N. und Werfring, C. (2013). Elternbefragung zum Einsatz eines Schulhundes. Abschlussarbeiten an der PH Burgenland unter der Betreuung von Herrn Prof. H. Mandl.

Glogger-Tippelt, G., Vetter, J. and Rauh, H. (2000). Untersuchungen mit der „Fremden Situation" in deutschsprachigen Ländern: Ein Überblick. Psychologie in Erziehung und Unterricht, 27, 87–98.

Goodson, J. L. (2005). The Vertebrate Social Behavior Network: Evolutionary Themes and Variations. Hormones and Behaviour, 48, 11–22.

Grossberg, J. M. and Alf, E. F. (1985). Interaction with Pet Dogs: Effects on Human Cardiovascular Response. Journal of the Delta Society, 2 (1), 20–27.

Grossman, K.E., Grossman, K., Huber, F. and Wartner, U. (1981). German Children's Behavior towards Their Mothers at 12 Months and Their Fathers at 18 Months in Ainsworth's Strange Situation. International Journal of Behavioral Development, 4, 157–181.

Guastella, A.J., Howard, A.L., Dadds, M.R., Mitchell, P. and Carson, D.S. (2009). A Randomized Controlled Trial of Intranasal Oxytocin as an Adjunct to Exposure Therapy for Social Anxiety Disorder. Psychoneuroendocrinology, 34, 917–923.

Guastella, A.J., Mitchell, P.B. and Dadds, M.R. (2008). Oxytocin Increases Gaze to the Eye Region of Human Faces. Biol. Psychiatry, 63, 3–5.

Gueguen, N. and Cicotti, S. (2008). Domestic Dogs as Facilitators in Social Interaction: An Evaluation of Helping and Courtship Behaviors. Anthrozoös, 21 (4), 339–349.

Handlin, L., Hydbring-Sandberg, E., Nilsson, A., Ejdebäck, M., Jansson, A. and Uvnäs-Moberg, K. (2011). Short-Term Interaction between Dogs and Their Owners – Effects on Osytocin, Cortisol, Insulin and Heart Rate – An Exploratory Study. Anthrozoös, 24 (3), 301–316.

Hansen, K.M., Messenger, C.J., Baun, M. and Megel, M.E. (1999). Companion Animals Alleviating Distress in Children. Anthrozoös, 12 (3), 142–148.

Harlow, H. (1958). The Nature of Love. American Psychologist, 13, 573–685.

Harlow, H.F. and Zimmermann, R.R. (1959). Affectional Responses in the Infant Monkey: Orphaned Baby Monkeys Develop a Strong and Persistent Attachment to Inanimate Surrogate Mothers. Science, 130, 421–432.

Hart, L.A., Hart, B. and Bergin, B. (1987). Socializing Effects of Service Dogs for People with Disabilities. Anthrozoös, 1 (1), 41–44.

Haughie, E., Milne, D. and Elliott, V. (1992). An Evaluation of Companion Pets with Elderly Psychiatric Patients. Behavioral Psychotherapy, 20, 367–372.

Havener, L.A., Gentes, L., Thaler, B., Megel, M.E., Baun, M.M., Driscoll, F.A., Beiraghi, S. and Agrawal, S. (2001). The Effects of a Companion Animal on Distress in Children Undergoing Dental Procedures. Issues in Comprehensive Pediatric Nursing, 24, 137–152.

Hazan, C. and Shaver, P.R. (1987). Romantic Love Conceptualized as an Attachment Process. Journal of Personality and Social Psychology, 52, 511–524.

Hazan, C. and Zeifman, D. (1999). Pair Bonds as Attachments: Evaluating the Evidence. In: Cassidy, J. and Shaver, P.R. (eds.). Handbook of Attachment: Theory, Research and Clinical Applications. 2nd edn. New York, The Guilford Press, 666–697.

Headey, B. (1999). Health Benefits and Health Cost Savings Due to Pets: Preliminary Estimates from an Australian National Survey. Social Indicators Research, 47, 233–243.

Headey, B. and Grabka, M. M. (2007). Pets and Human Health in Germany and Australia: National Longitudinal Results. Social Indicators Research, 80 (2), 297–311.

Headey, B., Na, F. and Zheng, R. (2008). Pet Dogs Benefit Owners' Health: A ‚Natural Experiment' in China. Social Indicators Research, 84, 481–493.

Hediger, K. and Turner, D. (2014). Can dogs increase children's attention and concentration performance? A randomised controlled trial. Human-Animal Interaction Bulletin, 2 (2), 21–39.

Heinrichs, M., Baumgartner, T., Kirschbaum, C. and Ehlert, U. (2003). Social Support and Oxytocin Interact to Suppress Cortisol and Subjective Responses to Psychosocial Stress. Biological Psychiatry, 54 (12), 1389–1398.

Hergovich, A. und Hörndler, H. (1994). Gestaltwahrnehmungstest. Ein computerbasiertes Verfahren zur Messung der Feldartikulation. Software und Manual. Frankfurt/Main, Swets Test Services.

Hergovich, A., Monshi, B., Semmler, G. and Zieglmayer, V. (2002). The Effects of the Presence of a Dog in the Classroom. Anthrozoös, 15 (1), 37–50.

Heyer, M. und Beetz, A. (2014). Grundlagen und Effekte einer hundegestützten Leseförderung. Empirische Sonderpädagogik, 2, 172–188.

Heyer, M. und Kloke, N. (2011). Der Schulhund. Eine Praxisanleitung zur hundegestützten Pädagogik im Klassenzimmer. Nerdlen/Daun, Kynos-Verlag.

Hinde, R. A. and Stevenson-Hinde, J. (1991). Perspectives on Attachment. In: Attachment across the Life Cycle. Parkes, C. M., Stevenson-Hinde, J. and Marris, P. (eds.). New York, Routledge, 52–65.

Holcomb, R., Jendro, C., Weber, B. and Nahan, U. (1997). Use of an Aviary to Relieve Depression in Elderly Males. Anthrozoös, 10 (1), 32–36.

Hüther, G. (2006). Wie lernen Kinder? Voraussetzungen für gelingende Bildungsprozesse aus neurobiologischer Sicht. In: Caspary, R. (Hrsg.). Lernen und Gehirn. Der Weg zu einer neuen Pädagogik. Freiburg im Breisgau, Herder, 70–84.

Insel, T. R. (2010). The Challenge of Translation in Social Neuroscience: A Review of Oxytocin, Vasopressin and Affiliative Behavior. Neuron, 65 (6), 768–779.

Jessen, J., Cardiello, F. and Baun, M. M. (1996). Avian Companionship in Alleviation of Depression, Loneliness and Low Morale of Older Adults in Skilled Rehabilitation Units. Psychological Reports, 78 (1), 339–348.

Julius, H. (2009). Bindungsgeleitete Interventionen in der schulischen Erziehungshilfe. In: Julius, H., Gasteiger-Klicpera, B. und Kißgen, R. (Hrsg.). Bindung im Kindesalter: Diagnostik und Intervention, Göttingen, Hogrefe, 29–30.

Julius, H. (2001). Die Bindungsorganisation von Kindern, die an Erziehungshilfeschulen unterrichtet werden. Sonderpädagogik, 31, 74–93.

Julius, H., Beetz, A., Kotrschal, K., Turner, D. and Uvnäs-Moberg, K. (2012). Attachment to Pets. Hogrefe, New York. (dt. Version vor. 2012).

Julius, H., Beetz, A., Uvnäs-Moberg, K. and Kotrschal, K. (2010). An Integrative, Interdisciplinary Model of Human-Animal-Relationships. Special Session at the 12th International IAHAIO Conference, Stockholm, Sweden, July 1–4.

Jonas, W., Nissen, E., Ransjo-Arvidson, A.B., Matthiesen, A.S. and Uvnäs-Moberg, K. (2008). Influence of Oxytocin or Epidural Analgesia on Personality Profile in Breastfeeding Women: A Comparative Study. Archives of Women's Mental Health, 11 (5–6), 335–345.

Kaminski, M., Pellino, T. and Wish, J. (2002). Play and Pets: The Physical and Emotional Impact of Child-Life and Pet Therapy on Hospitalized Children. Children's Health Care, 31 (4), 321–335.

Kellert, S.R. and Wilson, E.O. (1993). The Biophilia Hypothesis. Washington C.D., Island Press.

Kendrick, K.M., Da Costa, A.P., Broad, K.D., Ohkura, S., Guevara, R., Lévy, F. and Keverne, E.B. (1997). Neural Control of Maternal Behaviour and Olfactory Recognition of Offspring. Brain Res. Bull. 44, 383–395.

Kendrick, K.M., Keverne, E.B., Baldwin, B.A. and Sharman, D.F. (1986). Cerebrospinal Fluid Levels of Acetylcholinesterase, Monoamines and Oxytocin during Labour, Parturition, Vaginocervical Stimulation, Lamb Separation and Suckling in Sheep. Neuroendocrinology, 44, 149–156.

Kermoian, R. and Liederman, P.H. (1986). Infant Attachment to Mother and Child Caretaker in an East African Community. International Journal of Behavioral Development, 9, 455–469.

Keverne, E.B. and Kendrick, K.M. (1992). Oxytocin Facilitation of Maternal Behavior in Sheep. Ann. NY Acad. Sci., 652, 83–101.

Kirsch, P., Esslinger, C., Chen, Q., Mier, D., Lis, S., Siddhanti, S. and Gallhofer, B. (2005). Oxytocin Modulates Neural Circuitry for Social Cognition and Fear in Humans. Journal of Neuroscience, 25 (49), 11489–11493.

Kirschbaum, C., Pirke, K.M., Hellhammer, D.H. (1993). The „Trier Social Stress Test" – a Tool for Investigating Psychobiological Stress Responses in a Laboratory Setting. Neuropsychobiology, 28, 76–81.

Kotrschal, K. (2009). Die evolutionäre Theorie der Mensch-Tier-Beziehung. In: Otterstedt, C. und Rosenberger, M. (Hrsg.). Gefährten – Konkurrenten – Verwandte. Die Mensch-Tier-Beziehung im wissenschaftlichen Diskurs. Göttingen, Vandenhoeck & Ruprecht, 55–77.

Kotrschal, K. and Ortbauer, B. (2003). Behavioral Effects of the Presence of a Dog in a Classroom. Anthrozoös, 16 (2), 147–159.

Kotrschal, K., Scheiber, I. B. R. and Hirschenhauser, K. (2010). Individual Performance in Complex Social Systems: The Greylag Goose Example. In: Kappeler, P. (ed.). Animal Behaviour: Evolution and Mechanisms. Berlin, Springer, 121–148.

Kramer, S. C., Friedmann, E. and Bernstein, P. L. (2009). Comparison of the Effect of Human Interaction, Animal-Assisted Therapy and AIBO-assisted Therapy on Long-Term Care Residents with Dementia. Anthrozoös, 22 (1), 43–57.

Kuntze, S. und Bröcker, K. (2012). Literaturseiten zu dem Lesebuch „Ein Zuhause für Flocke". Kerpen, Kohl-Verlag.

Kurdek, L. A. (2009a). Pet Dogs as Attachment Figures for Adult Owners. Journal of Family Psychology 23, 439–446.

Kurdek, L. A. (2009b). Young Adults' Attachment to Pet Dogs: Findings from Open-Ended Methods. Anthrozoös, 22, 359–369.

Kurdek, L. A. (2008). Pet Dogs as Attachment Figures. Journal of Social and Personal Relationships 25, 247–266.

Legros, J. J., Chiodera, P. and Geenen, V. (1988). Inhibitory Action of Exogenous Oxytocin on Plasma Cortisol in Normal Human Subjects: Evidence of Action at the Adrenal Gland. Neuroendocrinology, 48, 204–206.

Levinson, B. (1972). Pets and Human Development. Springfield, Illinois, Charles C Thomas.

Levinson, B. (1969). Pet-Oriented Child Psychotherapy. Springfield, Illinois, Charles C Thomas.

Levinson, B. (1964). Pets: A Special Technique in Child Psychotherapy. Mental Hygiene, 48, 243–248.

Lorenz, K. (1943). Die angeborenen Formen möglicher Erfahrung. Zeitschrift für Tierpsychologie, 5, 235–409.

Lyons-Ruth, K. and Jacobvitz, D. (2008). Attachment Disorganization: Genetic Factors, Parenting Contexts and Developmental Transformation from Infancy to Adulthood. In: Cassidy, J. and Shaver, P. R. (eds.). Handbook of Attachment: Theory, Research and Clinical Applications. 2nd edn. New York, The Guilford Press, 666–697.

Main, M. and Solomon, J. (1990). Procedures for Identifying Infants as Disorganized/Disoriented During the Ainsworth's Strange Situation. In:

Greenberg, M.T., Cicchetti, D. and Cummings, E.M. (eds.). Attachment in Preschool Years. Chicago, University of Chicago Press, 121–160.

Main, M. and Solomon, J. (1986). Discovery of an Insecure Disorganized/Disoriented Attachment Pattern: Procedures, Findings and Implications for the Classification of Behavior. In: Braxelton, T. and Yogman, M. (eds.). Affective Development in Infancy. Norwood, NJ, Ablex Publishing Corporation, 95–124.

Mallinckrodt, B. (2000). Attachment, Social Competencies, Social Support and Interpersonal Process in Psychotherapy. Psychotherapy Research 10, 239–66.

Mallon, G. (1994). Some of Our Best Therapists Are Dogs. Child and Youth Care Forum 23, 89–101.

Marhofer, K. (in Vorb.). Fragebogenerhebung zum Einsatz von Schulhunden im deutschsprachigen Raum. Studie im Rahmen der Dissertation an der Universität Bamberg.

Marhofer, K. und Beetz, A. (in Vorb.). Der Einsatz von Schulhunden in Deutschland und Österreich – Praxis und Rahmenbedingungen.

Marr, C.A., French, L., Thompson, D., Drum, L., Greening, G., Mormon, J. and Hughes, C.W. (2000). Animal-Assisted Therapy in Psychiatric Rehabilitation. Anthrozoös, 13 (1), 43–37.

Martin, F. and Farnum, J. (2002). Animal-Assisted Therapy for Children with Pervasive Developmental Disorders. Western Journal of Nursing Research, 24 (6), 657–670.

Marvin, R.S. and Britner, P.A. (2008). Normative Development: The Ontogeny of Attachment. In: Cassidy, J. and Shaver, P.R. (eds.). Handbook of Attachment: Theory, Research and Clinical Applications. 2nd edn. New York, The Guilford Press, 269–294.

Maunder, R.G. and Hunter, J.J. (2001). Attachment and Psychosomatic Medicine: Developmental Contributions to Stress and Disease. Psychosomatic Medicine 63, 556–567.

Melson, G. (2003). Child Development and the Human-Companion Animal Bond. American Behavioral Scientist 47, 31–39.

Mikulincer, M. and Shaver, P.R. (2009). An Attachment and Behavioral Systems Perspective on Social Support. Journal of Social and Personal Relationships, 26, 7–19.

Miller, S.C., Kennedy, C. Devoe, D. Hickey, M., Nelson, T. and Kogan, L. (2009). An Examination of Changes in Oxytocin Levels in Men and Women before and after Interaction with a Bonded Dog. Anthrozoös, 22 (1), 31–42.

Miyake, A., Friedman, N.P., Emerson, M.J., Witzki A.H., Howerter, A. and Wager, T.D. (2000). The Unity and Diversity of Executive Functions and Their Contributions to Complex „Frontal Lobe" Tasks: A Latent Variable Analysis. Cogn. Psychol. 41 (1), 49–100.

Monshi, B., Semmler, G., Ziegelmayer, V. und Guttmann, G. (2001). Auswirkungen von Hunden auf die soziale Integration von Kindern in Schulklassen. Psychologische Befragung und Testung. Wien, Bericht des IEMT Österreich.

Moss, E., Rousseau, D., Parent, S., St-Laurent, D. and Saintonge, J. (1998). Correlates of Attachment at School Age: Maternal Reported Stress, Mother-Child Interaction, and Behavior Problems. Child Development, 69 (5), 1390–1405.

Moss, E. and St-Laurent, D. (2001). Attachment at School Age and Academic Performance. Developmental Psychology, 37 (6), 863–874.

Motooka, M., Koike, H., Yokoyama, T. and Kennedy N.L. (2006). Effect of Dog-Walking on Autonomic Nervous Activity in Senior Citizens. Medical Journal of Australia, 184 (2), 60–63.

Nagasawa, M., Kikusui, T., Onaka, T. and Ohta, M. (2009). Dog's Gaze at Its Owner Increases Owner's Urinary Oxytocin during Social Interaction. Hormones and Behavior, 55 (3), 434–441.

Nagengast, S.L., Baun, M., Megel, M.M. and Leibowitz, J.M. (1997). The Effects of the Presence of a Companion Animal on Physiological Arousal and Behavioral Distress in Children during a Physical Examination. Journal of Pediatric Nursing, 12, 323–330.

Nathans-Barel, I., Feldman, P., Berger, B., Modai, I. and Silver, H. (2005). Animal-Assisted Therapy Ameliorates Anhedonia in Schizophrenia Patients. Psychotherapy and Psychosomatics, 74 (1), 31–35.

Neumann, I.D., Wigger, A., Torner, L., Holsboer, F. and Landgraf, R. (2000). Brain Oxytocin Inhibits Basal and Stress-Induced Activity of the Hypothalamo-Pituitary-Adrenal Axis in Male and Female Rats: Partial Action within the Paraventricular Nucleus. Journal of Neuroendocrinology, 12 (3), 235–243.

New, J., Cosmides, L. and Tooby, J. (2007). Category-Specific Attention for Animals Reflects Ancestral Priorities, Not Expertise. Proceedings of the National Academy of Sciences 104, 6598–6603.

Nickel, K. (2011). Fachkreis Schulhunde – Freiwillige Selbstverpflichtung. Vortrag an der 1. Schulhundkonferenz, 2011, Dortmund, 3. Oktober.

Nickel, K., Agsten, L. und Ford, G. (2008). Freiwillige Selbstverpflichtung für den Einsatz von Schulhunden. Fachkreis Schulhunde Tiere helfen Menschen e.V. In: www.schulhundeweb.de, 11.06.2012.

Nimer, J. and Lundahl, B. (2007). Animal-Assisted Therapy: A Meta-Analysis. Anthrozoös, 20 (3), 225–238.

Odendaal, J. S. (2000). Animal-Assisted Therapy – Magic or Medicine? Journal of Psychosomatic Research, 49 (4), 275–280.

Odendaal, J. S. and Meintjes, R. A. (2003). Neurophysiological Correlates of Affiliative Behavior between Humans and Dogs. Veterinary Journal, 165, 296–301.

Ohlsson, B., Truedsson, M., Bengtsson, M., Torstenson, R., Sjölund, K., Björnsson, E. S. and Simren, M. (2005). Effects of Long-Term Treatment with Oxytocin in Chronic Constipation: A Double Blind, Placebo-Controlled Pilot Trial. Neurogastroenterology & Motility, 17 (5), 697–704.

Olbrich, E. (2009). Bausteine einer Theorie der Mensch-Tier-Beziehung. In: C. Otterstedt und M. Rosenberger (Hrsg.). Gefährten – Konkurrenten – Verwandte. Die Mensch-Tier-Beziehung im wissenschaftlichen Diskurs. Göttingen, Vandenhoeck & Ruprecht, 111–132.

Paul, E. S. (2000). Empathy with Animals and with Humans: Are They Linked. Anthrozoös, 13 (4), 194–202.

Paul, E. and Serpell, J. A. (1996). Obtaining a New Pet Dog: Effects on Middle Childhood Children and Their Families. Applied Animal Behavior Science, 47 (1), 17–29.

Pedersen, C. A., Ascher, J. A., Monroe, Y. L., and Prange, A. J. Jr. (1982). Oxytocin Induces Maternal Behavior in Virgin Female Rats. Science, 216, 648–650.

Petersson, M., Hulting, A., Andersson, R. and Uvnäs-Moberg, K. (1999a). Long-Term Changes in Gastrin, Cholecystokinin and Insulin in Response to Oxytocin Treatment. Neuroendocrinology, 69 (3), 202–208.

Petersson, M., Lundeberg, T. and Uvnäs-Moberg (1999b). Short-Term Increase and Long-Term Decrease of Blood Pressure in Response to Oxytocin-Potentiating Effect of Female Steroid Hormones. Journal of Cardiovascular Pharmacology, 33 (1), 102–108.

Petersson, M., Uvnäs-Moberg, K., Erhardt, S. and Engeberg, G. (1998). Oxytocin Increases Locus Coeruleus Alpha 2-Adrenoreceptor Responsiveness in Rats. Neuroscience Letters, 225 (2), 115–118.

Pianta, R., Stuhlman, M. and Hamre, B.(2002). How Schools Can Do Better: Fostering Stronger Connections between Teachers and Students. Nnv Directions for Youth Development, 93, 91–107.

Poresky, R. H. and Hendrix, C. (1990). Differential Effects of Pet Presence and Pet-Bonding on Young Children. Psychological Reports, 67, 51–54.

Prato-Previde, E., Gallani, G. and Valsecchi, P. (2006). Gender Differences in

Owners Interacting with Pet Dogs: An Observational Study. Ethology, 112 (1), 64–73.

Prothmann, A., Bienert, M. and Ettrich, C. (2006). Dogs in Child Psychotherapy: Effects on State of Mind. Anthrozoös, 19 (3), 265–277.

Prothmann, A., Ettrich, C. and Prothmann, S. (2009). Preference of and Responsiveness to People, Dogs and Objects in Children with Autism. Anthrozoös, 22 (2), 161–171.

Raina, P., Waltner-Toews, D., Bonnett, B., Woodward, C. and Abernathy, T. (1999). Influence of Companion Animals on the Physical and Psychological Health of Older People: An Analysis of a One-Year Longitudinal Study. Journal of the American Geriatrics Society, 47(3), 323–329.

Retzlaff, B. (2002). Zur Schule mit Jule: Sozialpartner Hund im Unterricht. Schriftliche Kurzfassung des Vortrags an der Informationsveranstaltung „Tiere in der Schule", Berlin, 30. April 2002.

Rimmele, U., Hediger, K., Heinrichs, M. and Klaver, P. (2009). Oxytocin Makes a Face in Memory Familiar. The Journal of Neuroscience, 29 (1), 38–42.

Rizzolatti, G., Craighero, L. and Fadiga, L. (2002). The Mirror System in Humans. In: Stamenov, M. I. and Gallese, V. (eds.). Mirror Neurons and the Evoluation of Brain and Language. Amsterdam/Philadelphia, John Benjamins Publishing Company, 37–59.

Röger-Lakenbrink, I. (2006). Das Therapiehunde-Team. Ein praktischer Wegweiser. Nerdlen/Daun, Kynos-Verlag.

Rost, D. H. and Hartmann, A. (1994). Children and Their Pets. Anthrozoös 7, 242–245.

Roth, G. (2006). Möglichkeiten und Grenzen von Wissensvermittlung und Wissenserwerb. Erklärungsansätze aus Lernpsychologie und Hirnforschung. In: Caspary, R. (Hrsg.). Lernen und Gehirn. Der Weg zu einer neuen Pädagogik. Freiburg im Breisgau, Herder, 54–69.

Rud, A. G. Jr. and Beck, A. M. (2003). Companion Animals in Indiana Elementary Schools. Anthrozoös, 16 (3), 241–251.

Sams, N. J., Fortney, E. V. and Willenbring, S. (2006). Occupational Therapy Incorporating Animals for Children with Autism: A pilot Investigation. The American Journal of Occupational Therapy, 60 (3), 268–274.

Savaskan, E., Ehrhardt, R., Schulz, A., Walter, M. and Schachinger, H. (2008). Post-Learning Intranasal Oxytocin Modulates Human Memory For Facial Identity. Psychoneuroendocrinology 33, 368–374.

Schneider, M. S. and Harley, L. P. (2006). How Dogs Influence the Evaluation of Psychotherapists. Anthrozoös, 19 (2), 128–142.

Schultheiss, O.C. (2001). An Information Processing Account of Implicit Motive Arousal. In: Maehr, M.L. and Pintrich, P. (eds.). Advances in Motivation and Achievement, Greenwich, CT, JAI-Press, 1–41.

Schwarzkopf A. (2003). Hygiene: Voraussetzung für Therapie mit Tieren. In: Olbrich, E. und Otterstedt, C. (Hrsg.). Menschen brauchen Tiere – Grundlagen und Praxis der tiergestützten Pädagogik und Therapie. Stuttgart, Kosmos.

Shiloh, S., Sorek, G. and Terkel, J. (2003). Reduction of State-Anxiety by Petting Animals in a Controlled Laboratory Experiment. Anxiety, Stress and Coping, 16 (4), 387–395.

Siegel, J. (1990). Stressful Life Events and Use of Physician Services Among the Elderly: The Moderating Role of Pet Ownership. Journal of Personality and Social Psychology, 58 (6), 1081–1086.

Solomon, J. and George, C.C. (1999). Attachment Disorganization. New York, The Guilford Press.

Souter, M.A. and Miller, M.D. (2007). Do Animal-Assisted Activities Effectively Treat Depression? A Meta-Analysis. Anthrozoös, 20 (2), 167–180.

Spangler, G. and Schieche, M. (1998). Emotional and Adrenocortical Responses of Infants to the Strange Situation: The Differential Function of Emotional Expression. International Journal of Behavioral Development, 22, 681–706.

Spitzer, M. (2006). Medizin für die Schule. Plädoyer für eine evidenzbasierte Pädagogik. In: Caspary, R. (Hrsg.). Lernen und Gehirn. Der Weg zu einer neuen Pädagogik. Freiburg im Breisgau, Herder, 23–35.

Sroufe, L.A., Egeland, B., Carlson, E.A. and Collins, W.A. (2005). The Development of the Person. The Minnesota Study of Risk and Adaptation from Birth to Adulthood. New York, The Guilford Press.

Sroufe, L.A. and Fleeson, J. (1988). The Coherence of Family Relationships. In: Hinde, R.A. and Stevenson-Hinde, J. (eds.). Relationships within Families: Mutual Influences. Oxford, Oxford University Press, 27–47.

Sroufe, L.A. and Rutter, M. (1984). The Domain of Developmental Psychopathology. Child Development, 55 (1), 17–29.

Stallones, L., Marx, M.B., Garrity, T.F. and Johnson, T.P. (1990). Pet Ownership and Attachment in Relations to the Health of U.S. Adults, 21 to 64 Years of Age. Anthrozoös, 4 (2), 100–112.

Straatman, I., Hanson, E., Endenburg, N. and Mol, J. (1997). The Influence of a Dog on Male Students during a Stressor. Anthrozoös, 10 (4), 191–197.

Strauss, B., Buchheim, A. und Kächele, H. (2002). Klinische Bindungsforschung: Theorien – Methoden – Ergebnisse. Stuttgart, Schattauer Verlag.

Suess, G. J. (1987). Auswirkungen frühkindlicher Bindungserfahrungen auf die Kompetenz im Kindergarten. Dissertation, Universität Regensburg.

Tellington-Jones, L. (2010). Tellington-Training für Hunde. Stuttgart, Kosmos.

Topal, J., Miklosi, A., Csanyi, V. and Doka, A. (1998). Attachment Behavior in Dogs (Canis Familiaris): A New Application of Ainsworth's (1969) Strange Situation Test. Journal of Comparative Psychology, 112 (3), 219–229.

Trinke, S. J. and Bartholomew, K. (1997). Hierarchies of Attachment Relationships in Young Adulthood. Journal of Social and Personal Relationships 14, 603–625.

Uvnäs-Moberg, K. (2003). The Oxytocin Factor. Tapping the Hormone of Calm, Love and Healing. New York, Da Capo Press.

Uvnäs-Moberg, K. (1994). Role of efferent and afferent vagal nerve activity during reproduction. Integrating function of oxytocin on metabolism and behavior. Psychoneuroendocrinology, 19, 687–695.

Uvnäs-Moberg, K. (1989). The Gastrointestinal Tract in Growth and Reproduction. Scientific American, 261 (1), 78–83.

Uvnäs-Moberg, K., Ahlenius, S., Hillegaart, V. and Alster, P. (1994). High Doses of Oxytocin Cause Sedation and Low Doses Cause an Anxiolytic-Like Effect in Male Rats. Pharmacology, Biochemistry, and Behavior, 49 (1), 101–106.

Uvnäs-Moberg, K., Eklund, M., Hillegaart, V. and Ahlenius, S. (2000). Improved Conditioned Avoidance Learning by Oxytocin Administration in High-Emotional Male Sprague-Dawley Rats. Regulatory Peptides, 88 (1–3), 27–32.

Vanek-Gullner, A. (2007). Lehrer auf vier Pfoten. Theorie und Praxis der hundegestützten Pädagogik. Wien, obv & hpt.

Vanek-Gullner, A. (2002a). Das Konzept „Tiergestützte Heilpädagogik" (TGHP). Heilpädagogik, 4, 1–8.

Vanek-Gullner, A. (2002b). Das Projekt „Tiergestützte Heilpädagogik" oder: Die heilende Kraft der Begegnung von Mensch zu Mensch über die Begegnung von Mensch zu Tier. Erziehung und Unterricht, 5–6; 632–639.

van Ijzendoorn, M. H. and Bakermans-Kranenburg, M. J. (1996). Attachment Representations in Mothers, Fathers, Adolescents and Clinical Groups: A Meta-Analytic Search for Normative Data. Journal of Consulting and Clinical Psychology, 64, 8–21.

Viau, R., Arsenault-Lapierre, G., Fecteau, S., Champagne, N., Walker, C.-D. and Lupien, S. (2010). Effect of Service Dogs on Salivary Cortisol Secretion in Autistic Children. Psychoneuroendocrinology, 35 (8), 1187.

Vormbrock, J.K. and Grossberg, J. M (1988). Cardiovascular Effects of Human-Pet Dog Interactions. Journal of Behavioral Medicine, 11 (5), 509–517.

Villalta-Gil, V., Roca, M., Gonzalez, N., Domenec, E., Cuca, B., Escanilla, A. and Haro, J.M. (2009). Dog-Assisted Therapy in the Treatment of Chronic Schizophrenia Inpatients. Anthrozoös, 22(2), 149–159.

Volk, J. und Beetz, A. (2007). Der Einsatz von Schulhunden in Deutschland. Vortrag am Kongress Mensch und Tier – Tiere in Prävention und Therapie. 17.–19. Mai 2007, Berlin.

Wartner, U.G., Grossmann, K., Fremmer-Bombik, E. and Suess, G. (1994). Attachment Patterns at Age Six in South Germany: Predictability from Infancy and Implications for Preschool Behavior. Child Development, 65 (4), 1014–1027.

Weber, A. und Schwarzkopf, A. (2003). Heimtierhaltung – Chancen und Risiken für die Gesundheit. Gesundheitsberichterstattung des Bundes, Themenheft 19 des Robert-Koch-Instituts/Statistischen Bundesamts.

Wells, D. (2009). The Effects of Animals on Human Health and Well-Being. Journal of Social Issues, 65 (3), 523–543.

Wells, D. (2007). Domestic Dogs and Human Health: An Overview. British Journal of Health Psychology, 12 (1), 145–156.

Wells, D.L. (2004). The Facilitation of Social Interactions by Domestic Dogs. Anthrozoös, 17 (4), 340–352.

Werner, E. and Smith, R.S. (2001). Journeys from Childhood to Midlife. Risk Resilience and Recovery. Ithaca/London, Cornell University Press.

Werner, E. and Smith, R.S. (1992). Overcoming the Odds. High Risk Children from Birth to Adulthood. Ithaca/London, Cornell University Press.

Werner, E. and Smith, R.S. (1982). Vulnerable but Invincible: A Longitudinal Study of Resilient Children and Youth. New York, McGraw-Hill.

Wesley, M.C., Minatrea, N.B. and Watson, J.C. (2009). Animal Assisted Therapy in the Treatment of Substance Dependence. Anthrozoös, 22 (2), 137–148.

Widstrom, A.M., Winberg, J., Werner, S., Svensson, K., Poloncec, B. and Uvnäs-Moberg, K. (1988). Breast Feeding-Induced Effects on Plasma Gastrin and Somatostatin Levels and Their Correlation with Mild Yield in Lactating females. Early Human Development, 16 (2–3), 293–301.

Wientzek, S. (2009). Tiergestützte Pädagogik am Beispiel des Hundes in der

Schule. Hausarbeit zur Ersten Staatsprüfung für das Lehramt an Grundschulen in Bayern. Universität Bamberg, Betreuer PD Dr. DR. G. Handschuh.

Wilson, C. C. (1991). The Pet as an Anxiolytic Intervention. Journal of Nervous and Mental Disease, 179 (8), 482–489.

Wilson, E. O. (1984). Biophilia – The Human Bond with Other Species. Cambridge, MA, Harvard University Press.

Wohlfarth, R. Mutschler, B., Beetz, A., Kreuser, F. and Korsten-Reck, U. (2013). Dogs motivate obese children for physical activity: Key elements of a motivational theory of animal-assisted interventions. Frontiers in Psychology, (Frontiers in Movement Science and Sport Psychology), 4 (796), doi:10.3389/fpsyg.2013.00796.

Wohlfarth, R., Mutschler, B., Beetz, A. and Schleider, K. (2014). An investigation into the efficacy of therapy dogs on reading performance in 6–7 year old children. Human-Animal Interaction Bulletin, 2 (2), 60–73.

Zasloff, R. L., Hart, L. A. and DeArmond, H. (1999). Animals in Elementary School Education in California. Journal of Applied Animal Welfare Science, 24, 347–357.

Zak, P. J., Kurzban, R. and Matzner, W. T. (2005). Oxytocin Is Associated with Human Trustworthiness. Horm. Behav. 48, 522–527.

Zak, P. J., Stanton, A. A. and Ahmadi, S. (2007). Oxytocin increases generosity in humans. PLoS ONE 2, e1128.

Zilcha-Mano, S., Mikunlincer, M. and Shaver, P. R. (2011). An Attachment Perspective on Human-Pet Relationships: Conceptualization and Assessment of Pet Attachment Orientations. Journal of Research in Personality, 45 (4), 345–357.

Websiteverzeichnis

www.schulhundweb.de: Information zum Einsatz von Hunden in der Schule; Netzwerk für aktive Schulhund-Lehrkraft Teams im deutschsprachigen Raum; Fachkreis Schulhunde; freiwillige Selbstverpflichtung

www.schulhund.at: Information rund um den Hund in der Schule in Österreich

www.bmukk.gv.at/schulen/unterricht/ba/hundeinderschule.xml: Empfehlungen des Bundesministeriums für Unterricht, Kunst und Kultur, Österreich, für den Einsatz von Hunden in der Schule; Ausbildung, Eignung, Rahmenbedingungen

www.aat-isaat.org: International Society for Animal Assisted Therapy; Definitionen von tiergestützter Arbeit; Zertifizierung von Ausbildungsinstituten für tiergestützte Arbeit

www.talesforpaws.org: Leseförderung mit Hund

www.therapyanimals.org: R. E. A. D. Programm – Leseförderung mit Hund

www.iemt.at: Institut für die interdisziplinäre Erforschung der Mensch-Tier-Beziehung Österreich; Informationen zur tiergestützten Therapie und Pädagogik; neueste Forschungsergebnisse und Informationen zu nationalen und internationalen Tagungen zur tiergestützten Interventionen und Mensch-Tier-Beziehung

www.iemt.ch: Institut für die interdisziplinäre Erforschung der Mensch-Tier-Beziehung Schweiz; Informationen zur tiergestützten Therapie und Pädagogik, zur aktuellen Forschung und zu nationalen und internationalen Tagungen zur tiergestützten Interventionen und Mensch-Tier-Beziehung

www.mensch-heimtier.de: Forschungskreis Heimtiere in der Gesellschaft; Publikation Mensch&Tier; Information rund um die Mensch-Tier-Forschung

www.kinder-und-tiere.de: Informationen für Eltern und Lehrer; Lehrmaterial für die tiergestützte Pädagogik mit verschiedenen Tierarten

Bildquellennachweis

Abb. 1: Entspannntes Lesen und Lernen im Kontakt zum Hund (Foto: Andrea Beetz)

Abb. 2: Verschiedene Schulhunde in der Freizeit (Foto: Kerstin Bröcker)

Abb. 3: Der Zimmerkennel – ein geschützter Rückzugsort (Foto: Stefanie Ludwig)

Abb. 4–5: Hunde in der Schule (Fotos: Andrea Beetz, Kerstin Bröcker)

Abb. 6: Tiere fördern eine positive Stimmung und machen Spaß (Foto: Linus Bos)

Abb. 7–9: Sowohl Mädchen als auch Jungen kümmern sich gern um Tiere (Fotos: Linus Bos, Andrea Beetz)

Abb. 10: Biophilie im Kleinkindalter (Foto: Anna Wöltjen)

Abb. 11–12: Selbstwirksamkeit beim Apportieren (Foto: Kerstin Bröcker, Andrea Beetz)

Abb. 14–15: Hundegestützte Leseförderung (Fotos: Anna Wöltjen, Andrea Beetz)

Sachregister